AF547840

KLAUS P. FISCHER

MENSCH - GOTT - KIRCHE

Ein labiles Dreieck

Problemstudie und Diskussionsbeitrag

Impressum:

MENSCH - GOTT – KIRCHE
Ein labiles Dreieck
Problemstudie und Diskussionsbeitrag
Dr. Klaus P. Fischer

2. Auflage vom 1. August 2018
Adlerstein Verlag
ISBN: 978-3-945462-63-8
Druck: BoD Norderstedt

VORWORT

Vor vielen Jahren suchten bekannte Theologen, darunter ein späterer Papst, teils persönliche teils sachliche Antworten auf die damals umgehende Frage *Warum bleibe ich in der Kirche* ?

Die Frage treibt bis heute die Gemüter um. Wie Statistiken seit längerem enthüllen, bleiben zunehmend weniger Leute in der Kirche. Ein Beobachter meinte, es liege daran, dass die Leute nicht mehr an Gott glauben. Das mag eine Rolle spielen, sagt aber nicht alles.

Häufig wird geklagt, in Vergangenheit und Gegenwart habe sich die Kirche allzu oft an Gottes Stelle gesetzt. Der Vorwurf klingt vernichtend - bis man fragt: an welches Gottes Stelle? Hätte die Kirche die Stelle des menschenfreundlichen Gottes eingenommen, gäbe es dann weniger Klagen?

Es ist zu bedenken, dass Jesus in den Evangelien eben dies tut: er redet und handelt als Platzhalter des menschenfreundlichen Gottes, bis seine Gegner ihm wegen Anmaßung den Garaus machen. Offenbar kann auch Jesus es nicht allen recht machen.

Sieht man näher hin, findet man: die Differenzen entstehen, weil die Menschen, auch die Gläubigen der Kirche, ein enges Gottesbild mit sich tragen - und ein enges Menschenbild dazu.

Davon soll im Folgenden die Rede sein.

Dabei geht es keineswegs um Existenzrecht und Heils-Bedeutung der Kirche, im Gegenteil. Denn zum biblisch bezeugten Gott gehört wesentlich seine Erscheinung bzw. Einwohnung im Bundesvolk Israel, später erweitert um sein Erscheinen im Neuen Israel (Kirche), wie es auch das letzte Buch der Bibel, die Johannes-Apokalypse, abschließend unter-siegelt.

Der Kirche kommt vitale Bedeutung für den biblisch begründeten Gottesglauben zu. Daher wollen Gläubige ebenso wie Suchende die Kirche - die Institution, Liturgie, Verkündigung, die Verantwortungsträger, die Christen und Mitchristen - durchlässig für den Gott des Evangeliums erfahren.
Hier gab es schon immer Defizite und Desiderate. Viele lassen sich - bei gutem Willen - auf kurzem Wege klären.
Es gibt jedoch auch grundsätzliche Probleme, deren Klärung neue Entwicklungen und Veränderungen benötigt, dazu Aufgeschlossenheit für Umdenken und Neudenken.
Ein solches Problem liegt in der von kirchlicher Lehre gepflegten philosophisch-theologischen Anthropologie. Sie beruht auf der antiken Metaphysik und deren "Entdeckung des Allgemeinen" (*Gottfried Martin*) und ist im Kern unpersönlich. Dieses Defizit überträgt sich leicht auf Moral und Praxis, ist in Konfliktfällen für viele Gläubige schmerzlich fühlbar.
Unlängst wurde es sozusagen amtlich offenkundig an der Überraschung, die das päpstliche Schreiben "Amoris Laetitia" auslöste, das wohl die Sicht der Mehrheit auf den beiden letzten Sondersynoden spiegelt. Doch unmittelbar nach Erscheinen stieß das Papst-Schreiben auch auf scharfe, ja erbitterte namhafte Opposition.
Die folgenden Seiten wollen deutlich machen, inwiefern die sozusagen ´hauseigene` Anthropologie der römischen Kirche eine alte Denkgewohnheit als Defizit enthielt. "Amoris Laetitia" bedeutet einen Durchbruch und Aufbruch, die samt Hintergrund beleuchtet werden müssen, soll das Odium, es fehle dem Text an Theologie, er rede der Beliebigkeit das Wort und liefere das Evangelium dem Subjektivismus aus, in der Wurzel entkräftet werden. Dazu wollen die folgenden Überlegungen einen Beitrag leisten. Er folgt keinem Auftrag, trägt keinerlei amtliches Gütesiegel.

Geneigte Leser seien nur höflich gebeten, den Inhalt möglichst *sine ira et studio* zur Kenntnis zu nehmen.
Es liegt am untersuchten Problem, dass es im Folgenden mitunter zu grenzwertigen Thesen und Aussagen kommt, die wohl in manchen Lesern ein *Ja, aber* hervorrufen. Das "Aber" mag berechtigt sein. Doch wird sich vielleicht zeigen, dass die gewohnte zweiwertige Logik "Entweder - Oder" nicht ausreicht. Abstrakte wie konkrete, eingängige und anstößige Gedankengänge sind Echo auf pastorale Erfahrungen, Gespräche mit Menschen in schwierigen Lebenslagen, mit Christen, die in schwere Glaubenszweifel gerieten.
Der verstorbene Kardinal *Carlo Martini* mahnte: "Du kannst Gott nicht katholisch machen. Gott ist jenseits der Grenzen und Abgrenzungen, die wir aufbauen". Zwar brauche man sie im Leben, dürfe sie aber nicht mit Gott verwechseln, "dessen Herz immer weiter ist" (Jerusalemer Nachtgespräche).
Auch ein Kritiker dieser Seiten vernimmt bei Nacht den Ruf des *fernen* Menschen: *Komm herüber und hilf uns*! (vgl. Apg 16,9).

INHALT Seite

1. Vor dem Gesetz

Viele Menschen der modernen und postmodernen Gesellschaft halten Distanz zu Gott - zum Gott der Kirche. In ihren Augen hat er vor allem das Profil eines Gesetzgebers, dessen Gebote und Verbote moralische Maximalforderungen stellen und die Leute nötigen, sich schuldig zu fühlen. Die Kirche, Propagandistin der göttlichen Gesetze, setze gut meinende Leute unter Druck, den Druck der "Sünde", und flöße ihnen ein negatives Selbstbild ein. Das schwäche die Lebensenergie. "Katholiken dürfen ja nichts", lautet ihr mitleidiger Kommentar. Die Kirche habe die Zeitenwende verpasst. Heutige Menschen setzten auf selbstbestimmte, statt fremdbestimmte Lebensgestaltung.[1]

Von kirchlicher Seite empfindet man solche Äußerungen als tendenziös, ja polemisch.

Die Verantwortlichen halten den Leuten entgegen, die Kirche wolle und tue nichts anderes, als den Leuten den Sinn ihres Lebens durch Glaube an Gott zu verkünden, ihnen Gottes Rechtfertigung durch den Glauben an Jesus Christus (nach Röm 3,22) zu eröffnen. Um Erlösung, Rechtfertigung zu empfangen, müssten die Menschen sich allerdings bereit machen.

Dieses Anliegen der Kirche kommt bei vielen Menschen nicht an. Die meisten - darunter viele Christen - ahnen kaum, was das wahre Anliegen der Kirche im Auftrag Christi ist.

Das kommt nicht von ungefähr. Denn die in Christus bedingungslos vorab gewährte Annahme der Menschen - der *Sünder* - durch Gott wird durch die kirchliche Institution, ihre Lehre und Praxis anscheinend nicht

---

1 Allerdings nehmen Teile der zu Selbstbestimmung gerufenen westlichen Jugend die traditionell klaren Lebensregeln muslimischer Altersgenossen respektvoll, fast neidisch zur Kenntnis - Phänomen einer langsamen Schub-Umkehr?

zureichend (erkennbar) vermittelt, mit der Folge, dass viele, statt durch die *Frohe* Botschaft angezogen zu werden, sich abgeschreckt fühlen. Die Vermittlung des Evangeliums muss auch in der persönlichen Zuwendung erkennbar sein. Hier gibt es offenbar Lücken.

In der Tat galt (und gilt nicht selten bis heute) in der römisch-katholischen Kirche lange Zeit ein Konzept, welches das Glaubensleben der getauften Christen vorrangig als System von Pflichten gegen Gott (im Kern die Zehn Gebote) darstellt, deren Erfüllung oder Verletzung Gegenstand des Examens beim Empfang des Bußsakramentes war und ist. Dieses Sakrament - und damit die moralisch konkrete Glaubensschulung - ist vielerorts in eine Krise geraten. Das akzentuiert moralische Gottesbild und das davon abgeleitete Bild vom verdorbenen, unwissenden, der Erziehung bedürftigen Menschen, in früheren Epochen volkspädagogisch wirksam, wird heute weithin abgelehnt. Darin erkennt der heutige Mensch sich nicht wieder. Er weiß und spürt: Traditioneller Moralismus und Rigorismus, auf tiefes Misstrauen gebaut, manchmal gesteigert bis zur Verachtung der "schwachen" Menschen, das Unbehagen an Materie und Welt, die Überbetonung von Autorität, Ordnung, Gehorsam, einhergehend oft mit Gefühlskälte und Lieblosigkeit gegen "labile" Menschen,[2] die scharfe Distanzierung der *Geist*lichen von den *Welt*lichen durchzogen als Hauptströmung die Kirche jahrhundertelang und machten sich nachdrücklich im Gemüt der Generationen fest, wo sie langlebige Aversionen erzeugten. Die Leute wissen, dass es Ausnahmen - Heilige - gab und gibt. Doch sie werden kaum als Früchte des kirchlichen Betriebs wahrgenommen: wohl waren jene gläubig, liebevoll anderen zugetan, waren "anders", *obwohl* Mitglieder der Kirche ...

---

[2] Siehe *A. Görres*, Pathologie des katholischen Christentums, in: *F.X. Arnold/K. Rahner*, Handbuch der Pastoraltheologie Bd. II/1 (Freiburg-Basel-Wien 1966), 277-343

Manche sagen, diese Fehlhaltungen seien längst überwunden. Das mag punktuell stimmen. Doch ist der Jahrhunderte alte "Schoß fruchtbar noch". Ein wichtiges Indiz, dass die römische Kirche auch von nominellen Katholiken noch immer so kritisch gesehen wird, ist die anhaltend tiefe Krise des Bußsakramentes, jenes Sakramentes, das bis zum II. Vatikanischen Konzil als Schwergewicht katholisch frommer Praxis gelten konnte.

Traditionell wurde bei Handlungen, welche die - *Sünde* genannte - Verletzung einer der Pflichten gegen Gott beinhalten, zunächst der *objektive* Tatbestand (Art und Gewicht der Pflichtverletzung) festgestellt, dann der *subjektive* Anteil des Sünders geprüft: ob er um das Gebot oder Verbot wusste, frei handelte, welche Motive ihn leiteten, ob er unter innerem oder äußerem Druck stand, in der Situation des Handelns voll zurechnungsfähig war, ob krank oder gesund, u.a.m.

Da man damit rechnete, dass für die meisten Christen die häufige Verletzung der *Pflichten* gegen Gott sozusagen den Normalfall darstellt, riet man zu oftmaligem Empfang des Bußsakramentes, damit die Empfänger in den "Stand der Gnade" und Unschuld vor Gott zurückkehren konnten.

Positiv schärfte man ihnen ein, sie sollten, um weniger leicht zu sündigen, sich um die (natürlichen und übernatürlichen) *Tugenden* bemühen.

Damit die "Beichtväter" sich in dem ausgeklügelten System von Tod-Sünden, schweren und sog. lässlichen Sünden zurechtfänden und nicht der Gefahr erlägen, die Selbstanklagen der "Beichtkinder" subjektiv, d.h. aus ihrem persönlichen Gewissensurteil, statt entlang der offiziellen Lehre, zu beurteilen, erschienen moraltheologische Handbücher mit dem Anspruch, alle denkbaren Details einer sündigen Handlung sowie der Disposition des Sünders zu erfassen und so das richterliche Urteil des

"Beichtvaters" (im Namen Gottes und der Kirche) zu schärfen (Kasuistik). Das eigene Gewissen des "Beichtvaters" sollte ebenso wenig den Ausschlag geben dürfen wie das Gewissen des Sünders selbst (daher die Abwehr einer als "Situations-Ethik" bekannt gewordenen Strömung).[3]

Widersprach ein individuelles *Gewissen* der von der Kirche vorgelegten göttlichen Norm, war es als "irrig" aufzufassen.

Wie man sieht, wurde hier, erzieherisch motiviert, der biblische *Glaube* verkürzt zur *Unterwerfung* unter göttliche Gebote und Verbote, die Glaubens*praxis* gleichgesetzt mit einer Pflichten- und Tugendlehre. Glaube im Sinne des biblischen Vertrau-Glaubens wurde als zu abstrakt empfunden.

Zudem äußert sich der Glaube der Bibel ´praxistauglich` in der Praxis der Zehn Gebote, in der frühen Kirche zudem in Sätzen, wie sie zuerst in Taufbekenntnissen, später, als Frucht doktrinärer Konflikte, in den kirchlichen Glaubensbekenntnissen definiert wurden. Daraus erwuchs die - in Form von Katechismen verbreitete - Glaubenslehre, die man als hinreichend durchdacht und geklärt ansah. Folglich deutete man Verständnisprobleme in Glaubensdingen oft als Glaubenszweifel. Bekannte jemand, ihm leuchte diese oder jene von der Kirche vorgelegte Glaubenswahrheit trotz guten Willens nicht ein, wurde ein "Verstandesirrtum" attestiert, mit der Warnung, nicht in sündhaften Glaubensabfall abzugleiten.[4]

Um dieser Gefahr zu entgehen, sei es "sicher, dass man häufig beten muss" (ebd).

Konzept und Praxis dieser Art moralisierender Glaubenslehre irritieren zahlreiche Menschen, die zwar eine Frohe Botschaft, Gott, Transzendenz suchen, aber wegen des

---

3 *H. Jone,* Katholische Moraltheologie auf das Leben angewandt (Paderborn [18]1961), Vorwort

4 Siehe *Jone* Nr. 157.3 u. Nr. 123

´Labyrinths` von Bedingungen und Hindernissen vor der Kirchtüre verharren
Die Situation hat ein wenig Ähnlichkeit mit *Franz Kafkas* bekannter Parabel "Vor dem Gesetz".
Für den "Mann vom Lande" ist der Theologe (Pfarrer) nicht selten ein mächtiger Türhüter, der Zögern und Unsicherheit des Mannes durch Legen und Ausmalen immer höherer Schwellen und Bedingungen zu vermehren scheint, bis er dem schon entkräfteten Alten erklärt, seine, des Hüters, Aufgabe habe schon immer darin bestanden, ihm, dem Gott-Sucher, Einlass zu gewähren - Einlass zum Sinn des Gesetzes: zum Leben mit Gott und durch Gott.
Eines der Urteile des "Mannes vom Lande" sagt, "die Kirche" halte Gesetze und Normen für wichtiger als Menschen, stigmatisiere jene, deren Lebensgang anders als erlaubt, im Widerspruch zu kirchlicher Moral verläuft, und missachte deren eigenes Gewissensurteil. Damit okkupiere die Kirche den Zugang zu Gott, binde ihn an ihre eigenen Konditionen. Ein verbreitetes Gefühlsurteil.
Bekanntlich war dieser schon vor Jahrhunderten erhobene Vorwurf eine der Triebfedern für die Loslösung der reformatorischen Christen von der römischen Kirche, da sie in Haltung, Intransigenz und Verlautbarungen der damaligen Kirchenleitung keinen Zugang fanden zu einem persönlich zugewandten, gnädigen Gott und da die praktischen Leistungen der Gläubigen allzu oft als Glaubensersatz genommen wurden, woran sich eine schachernde Phantasie entzündete.
Heute entfacht kirchenamtlicher Umgang mit Wiederverheiratet-Geschiedenen oft tiefen Groll.
Das primär *moralische* Glaubens-Konzept litt und leidet an bedauerlicher Einseitigkeit: der Gottesbezug der Gläubigen wird leicht zu einer *bürokratischen* Angelegenheit, ja zum "*dealing*" mit Gott.

In legalistischer Perspektive macht sich die *Individualität* eines Gläubigen vor allem bemerkbar in *Abweichungen* von den Geboten und in der *Häufigkeit*, mit der sie geschehen, also *quantitativ*.
Nun wissen erfahrene Seelsorger: unter Menschen, die z.B. *geschieden und wiederverheiratet* sind, gibt es nicht selten Unehrlichkeit, Selbstbetrug und Subjektivismus, wie auch nicht-kirchlichen Eheberatern und Therapeuten bekannt ist. Dieser Umstand nötigt nachdenkliche Zeitgenossen - Christen und Nicht-Christen -, vor dem Menschlich-Allzu-Menschlichen zur Kunst der Unterscheidung: Berater, Beraterinnen sollten ebenso viel Einfühlung wie Unerschrockenheit zeigen.
Ehescheidung oder "Ehebruch" wurde ja nie als Bagatelle aufgefasst. Das alte jüdische Gesetz verhängte dafür die Todesstrafe (Lev 20,10). Auch in der frühen Kirche verlautete, Unzüchtige und Ehebrecher werde Gott richten (Hebr 13,4; Jak 4,4). An der harten Sprache erkennt man, dass Ehe-Scheidungen den jungen Gemeinden große Sorgen bereiteten, die in Gemeinden wohl auch eine andere Scheidung, die zwischen Anhängern und Gegnern der Beteiligten, im Gefolge hatten. Da wurde wohl oft der Lebensnerv berührt, sodass man in der Schuldfrage nicht differenzieren mochte.
Allerdings lässt die Einstellung Jesu erkennen, dass ihm das Leid der Getrennten und darob Stigmatisierten nicht fremd ist. Dem Pharisäer, der Gott betend dankt, dass er nichts gemein habe mit Räubern, Betrügern, Ehebrechern und Zöllnern, spricht er die Erhörung durch Gott *ab* (Lk 18,10-14). Die von Gesetzes-Frommen beim Ehebruch ertappte Frau, Jesus zur Verurteilung überstellt, verurteilt er nicht, sondern ermutigt sie zu einem neuen Anfang (Joh 8,3-10). Der Samariterin, die nacheinander sechs Männer hatte, bietet er ohne Verurteilung "lebendiges Wasser" an (Joh 4,5-26).

Die behutsame Einstellung Jesu ist kaum denkbar ohne den bildkräftigen Rahmen des Bundes, der JHWH mit Israel verbindet. Zahlreich sind die Anklagen der Propheten gegen Israel: dieses sei treulos seinem göttlichen Liebhaber, ja Gemahl gegenüber wie ein ehebrecherisches Weib, das immer wieder um andere Götter buhle; deshalb lasse Gott sich von ihm scheiden (Hos 1,2.6.9; 2,4.7; 3,1-5; 4,2; 7,4; Jes 57,3; Jer 3,1-13.20; 9,1; 13,26f; Ez 16; 23). Doch die Liebe des göttlichen Bräutigams ist nicht erloschen, nach Ausbrüchen des Zorns kehrt sie - unüblich unter Menschen (Jer 3,1) - sich der untreuen Frau wieder zu und bietet ihr verzeihend neue Geschenke und Prachtkleider an (Jes 54,4-10; 62,2-5; Jer 31,3-4; 33,10-11; Ez 16,59-63; Apk 21,2).

Dieses Ur-Symbol ist in Jesu Geist und Herz gegenwärtig.

Wie Erfahrung lehrt, gibt es kaum Trennungen zwischen Lebenspartnern, die nicht von Leiden ausgelöst werden und mit großen Schmerzen einhergehen.

Die folgenden grundsätzlichen Erwägungen sind einseitig, weil angerührt von Trennungs- und Begleitschmerzen vieler Menschen, die sich am Ende nicht anders zu helfen wussten, als sich zu trennen - wohl ahnend, dass im Herzen eine schlecht heilende Wunde zurückbleibt, die man kaum jemandem eröffnen kann und will.

Dieser Bereich birgt viele Tragödien mit unverdientem Leid für Kinder, Eltern, nahe Angehörige. Das Empfinden, an schmerzliche Entwicklungen, an leidende Menschen werde zuerst der moralische Maßstab (das "göttliche Gesetz") gelegt, steigert das gefühlte Leid bis zu Verzweiflung oder Trotz.

Das moralische Verdikt zehrt häufig von einem schiefen bzw. einseitigen Menschenbild.

Im Folgenden soll überlegt werden, ob und wie weit allgemeine Normen und Gesetze Einzelschicksale erfassen.

Darüber hat man sich im abendländischen Raum schon früh Gedanken gemacht.
Dabei regt sich eine *noch grundsätzlichere* Frage: Wie weit ist denn der menschliche Geist fähig, göttliche Gesetze und Gottes "Willen" normativ-eindeutig zu erfassen und auszulegen? Anders gefragt: Können göttliche Gebote und Verbote absolut und zwingend gelten, die vom *menschlich-endlichen* Verstand in *endlich-begrenzter* Weise begriffen und ausgelegt werden?

2. Denkt Gott in Gesetzen?

Ein ähnliches Problem taucht bei der Erforschung von Natur und Kosmos auf:
Berühmte Gelehrte in Vergangenheit und Gegenwart glauben, die gesetzmäßige Ordnung der Welt, mathematisch-symbolisch darstellbar, sei *Spiegel* des Schöpfers. Die *Schöpfung* sei ganz wesentlich mit der *Ordnung* der Welt identisch.
Ähnlich dachten schon die altgriechischen *Pythagoreer* und *Platon*. Für neuzeitliche Forscher wie *Kepler* und *Galilei* war das in mathematischer Sprache lesbare Buch der Natur eine göttliche Offenbarung *neben* der biblischen. Ähnlich dachte *Newton*. *Leibniz* konnte gar sagen, die Welt entstehe, wenn Gott rechne. Bedeutende Physiker des 20. Jahrhunderts (z.B. *Wigner, Heisenberg*) gaben dem Staunen Ausdruck, dass der Kosmos mit seinen Dimensionen für Menschen-Verstand offen, zugänglich ist, statt sich in Dunkel und Fremdheit zu entziehen. Für *Einstein* war die Erfahrung der "Begreiflichkeit" der Welt mit religiöser Erfahrung "verwandt", wo nicht identisch. Auch für *Planck* waren die Naturgesetze Hinweise auf den Schöpfer.

So kann man denken, doch mit Vorbehalt: auch wenn gesetzmäßig formulierbare Erkenntnisse über die Natur eine Brücke zu Gott bilden mögen, tun sie es *nur begrenzt*. Mathematischer Verstand, wie dem Menschen eigen, ist ein Indiz für die *Endlichkeit* seines Verstandes.
Das liegt (nach *Kant*), an der *Zeit* als apriorischer Anschauungsform des sinnlichen Rezeptiv-Vermögens.[5] Darüber hinaus ist (nach *Heidegger*) die Zeit nicht nur eine Grund-Form sinnlicher Wahrnehmung, sondern charakterisiert – als „Zeitlichkeit" – die (existenziale) Grund*struktur* menschlichen Daseins überhaupt. Schon *Plotin* sieht die menschliche Seele als zeit-bildend: obwohl in das Vielfältige verstrickt, hat sie insoweit am Einen teil, dass die Zeitmodi Zukunft, Gegenwart, Vergangenheit nicht nur ein loses Neben- und Hintereinander bilden, sondern einen Zusammenhang, eine - wenn auch geteilte - Einheit.
Im Unterschied dazu ist der Ewige ungeschieden Eins, Zeit übergreifende Gegenwart, die weder Vergangenheit noch Zukunft *außer sich* hat. Der eine, ewige Gott zählt und rechnet also nicht, er *bedarf* dessen *nicht*. Er überschaut gleichsam in einem ´Augenblick` alles zeitlich Gedehnte.[6] Umgekehrt ermöglicht und benötigt die zeitliche Grundstruktur des menschlichen Sich-Verstehens und Erkennens das Zählen und Rechnen. Darum ist die mathematische Fassung der Erkenntnis der Welt Indiz für die raumzeitliche Gebrochenheit des erkennenden Geistes.[7] Das heißt: der erkennende Geist trägt, via

5 Dazu etwa *O. Becker*, Größe und Grenze der mathematischen Denkweise (Freiburg/München 1959), 152ff; *H.Weyl,* Wissenschaft als symbolische Konstruktion des Menschen, in: Eranos-Jahrbuch 1948 (Zürich 1949), 387f; *C.F. von Weizsäcker,* Die Tragweite der Wissenschaft (Stuttgart [6] 1990), 133f.

6 *Becker*, 158f

7 *Becker*, 157-161. z.B. *R. Schaefflers* Beitrag über *I.Kant:*

Mathematik, auch seine *eigene* Zeitlichkeit in die Naturwirklichkeit ein, die in dieser symbolischen, zeitlich gedehnten Form sich selber ja *nicht* weiß und sieht. Umgekehrt nimmt der forschende Menschengeist in der mathematisch-symbolisch erfassten Natur auch seine eigene raumzeitliche Gebundenheit wahr.
Sie betrifft auch die Gesetze. Wie *Carl Friedrich von Weizsäcker* erläutert, kann ein „allwissender Intellekt" keinen Begriff für ein *Gesetz* haben, da ein Gesetz ja dazu dient, noch unbekannte Tatsachen von bekannten abzuleiten.[8] Formulierungen von Gesetzen sind Werke des endlichen Geistes.

3. Die Ohnmacht des endlichen Intellekts

Einem Mathematiker und Physiker stellt sich die menschliche Erkenntnis-Situation so dar, "dass es der freie, in Symbolen schaffende Geist ist, der sich in der Physik ein objektives Gerüst baut, auf das er die Mannigfaltigkeit der Phänomene ordnend bezieht. Es bedarf dazu keiner solchen von außen gelieferten Mittel wie Raum, Zeit und Substanz-Partikel: er nimmt alles aus sich selbst".[9]
Diese Sicht knüpft an *Heideggers* Beobachtung an, dass die Physik es nie mit "bloßen Tatsachen" zu tun hat, sondern diese immer schon einbezieht in ihren "mathematischen Entwurf der Natur selbst", in dessen Licht und Muster sie die Tatsachen findet, methodisch ordnet und umgrenzt.

Stimmen der Zeit 2/2004, 90-92; *ders.*, Glaubensreflexion u. Wissenschaftslehre (Freiburg-Basel-Wien 1980), 154f

8 Die Tragweite ..., 292.

9 *H. Weyl,* 413

So stelle sich die Wissenschaft von der Natur dar als "vorgängiger Entwurf" ihrer (der Natur) "Seins-Verfassung".[10]

Zudem werde der forschende Menschengeist "getrieben ... von dem metaphysischen Glauben an die Realität der Außenwelt (neben den sich gleichartig der Glaube an die Realität des eigenen Ich, des fremden Du und Gottes stellt)".[11]

Hier könnte man anmerken, der *Erfolg* dieser Methode bestätige jedenfalls, dass menschlicher Geist und Natur einander entsprechen.

Die zurückhaltende Ausdrucksweise ist angebracht. Denn über "Entsprechung" hinaus ist nicht angebbar, *wie* die plurale physikalisch-chemisch beschriebene Realität *unabhängig* vom menschlichen Verstand „an sich" beschaffen sei. Wir sehen Aspekte der Natur vermittelt durch *unsere* Symbole (als *chemische* Verbindung, z.B. CO_2) und Kategorien (z.B. Ursache - Wirkung), die ja *als solche* der Natur nicht angehören. *Kausal*beziehungen sind für uns nur denkbar in Raum und Zeit.

Wird, zum *Beispiel*, der sekündliche Masse-Verlust der Sonne (gemäß $E = mc^2$) mit 4,24·109 kg beziffert, sind diese Chiffren die des Geistes, nicht der Sonne, auch wenn sie die Abstrahlung der Sonne *bezeichnen* und fassbar machen.

Das erinnert an *Kants* Vergleich vom erkennenden Geist,

---

10 Sein und Zeit (Tübingen [15] 1984), 362f. Zustimmend z.B. *J. Meurers*, Metaphysik und Naturwissenschaft (Darmstadt[2] 1989), 40ff. Schon *Kant* dachte an ein vorgängiges "Prinzip der Form des Weltalls, das den Grund einer universalen Verknüpfung in sich enthält", zit. nach *R. Schaeffler*, Glaubensreflexion, 66

11 *Weyl*, a.a.O., 419. Man erkennt, wie *Kants* transzendentalphilosophischer Ansatz namhaften Forschern des 20. Jahrhunderts als heuristisches Instrument naturwissenschaftlicher und allgemein menschlicher Welt-Deutung dient.

der mit der Natur agiere im Modus „eines bestallten Richters, der die Zeugen nötigt, auf die Fragen zu antworten, die er ihnen vorlegt“.[12]
Dieser verwunderte, leicht anmaßende Vergleich aus *Newtons* Zeiten ist heute zu differenzieren.
Naturwissenschaft sah sich vor allem im 20. Jahrhundert von den Phänomenen der Natur selbst genötigt, ihre Fraggen anders zu stellen, auch unerwartete, gar unpassend erscheinende Antworten der Natur entgegenzunehmen.
Boethius hatte formuliert, alles, was der Mensch erkenne, werde erkannt gemäß der Art und Fähigkeit des Erkennenden, entsprechend dem jeweiligen Erkenntnisvermögen des Menschen,[13] ein Satz, den man bis ins Psychologische verallgemeinerte.
Doch ist in die Aussagen von *Boethius* und *Kant* inzwischen gleichsam ´Fahrt` gekommen: Die primär statische (physisch-metaphysische) Betrachtung der Welt wurde im Sinne *Heraklits* ergänzt durch Betrachtungsweisen und Methoden, die es erlauben sollen, Bewegung und Veränderung der Dinge in sich und zueinander festzustellen. Sie erweitern die naturwissenschaftliche Vision.
Die Vorstellung eines starren Ursache-Wirkung-Gefüges der Natur ist, nach fachlicher Auskunft, heute verlassen für die Idee eines *universalen Wirkungs-Zusammenhangs*, dessen Maß-Struktur man beschreibt, ohne Sachverhalte stets "erklären", gar in Gesetzen festschreiben zu können.[14]
Verglichen mit der (quantenphysikalisch) erweiterten Kosmologie weist die klassische Physik nach *Galilei-Newton* eine eher statisch-objektivierende Betrachtungsweise auf.

---

12 Kritik der reinen Vernunft, B XIII.

13 De consolatione philosophiae / Trost der Philosophie V 4.p.

14 So *J. Meurers*, 88-93, der auch an *Leibniz*` Monaden-Lehre erinnert (30f).

In der Quantenphysik aber verliert ein Objekt seine eindeutige Zuordnung. Es ist Objekt nur noch in Wechselwirkung mit anderen Objekten, es ist *komplementär*, das heißt, nicht mehr eindeutig dieses, sondern ebenso gut jenes, je nach Betrachter. Das gilt auch für das Weltall: es ist Vieles und als Vieles doch Eines.[15]
Was heißt das für die menschliche Erkenntnis, denkt man an deren Raum- und Zeitgebundenheit?
Der Empirismus hatte für den Hausverstand formuliert: "Alle Ereignisse erscheinen völlig lose und getrennt. Ein Ereignis folgt dem anderen; doch nie können wir irgendein Band zwischen ihnen beobachten. Sie erscheinen *vereint* (*conjoined*), jedoch niemals *verbunden* (*connected*) ".[16]
Tatsächlich sehen wir aber ein Band zwischen einander folgenden Ereignissen, freilich nicht mit dem leiblichen, sondern mit dem geistigen Auge. Einander folgende Ereignisse können durch ein Band verknüpft sein, etwa als Beschleunigung $v = a\ t$ oder als Entwicklung (z.B. $\int$ *Einzeller* → *Vielzeller*) symbolisch fassbar. Das *symbolische* Band knüpfen wir; die *Beziehung* beobachten wir nicht, wir schauen sie geistig.
Das Band bewirkt aber noch etwas, das durch Gewohnheit zumeist übersehen wird: es stellt die beobachteten, einander folgenden Ereignisse *fest* ! Das Band selbst ist statisch, bewegt sich nicht, sondern stellt die Ereignisse kraft der geschauten *Beziehung* zwischen den Ereignissen *fest*! Im Band präsentieren sich die Ereignisse als eine - durch Zahlen und Symbole *fest*gehaltene - Folge von *Zuständen*! Bewegtes und Bewegung lassen sich zwar sinnlich registrieren, aber nicht unmittelbar *als* solche

---

15 *C.F. von Weizsäcker*, Parmenides und die Quantentheorie, in: *H.-P. Dürr* (Hg), Physik und Transzendenz (Bern-München-Wien [2] 1988), 248

16 *D. Hume*, Enquiry concerning human understanding sect. VII part II

erfassen und intellektuell begreifen, sie lassen sich nur greifen durch *Fest*stellung. Das bedeutet: Bewegung, Veränderung, Entwicklung kann vom endlichen Geist nicht unmittelbar *als* solche begriffen, sondern nur durch *Fest*stellung (von mindestens zwei *Zuständen*!) erfasst, nur auf dem *Umweg* der *Fest*stellung - also nachträglich - *be*schrieben werden. Ereignisse folgen einer *Gesetzmäßigkeit*, die sich selbst *nicht ereignet*, sondern fest, unbewegt ist: sie *ruht* im Ver*stand.*

Der Sachverhalt erinnert an eine berühmte Formulierung von *Heinrich Hertz*:

Wir machen uns innere Scheinbilder oder Symbole der äußeren Gegenstände, und zwar machen wir sie von solcher Art, dass die denknotwendigen Folgen der Bilder stets wieder die Bilder seien von den naturnotwendigen Folgen der abgebildeten Gegenstände.

Damit diese Forderung erfüllbar sei, müsse natürlich eine gewisse Übereinstimmung bestehen zwischen Natur und Geist, was die Erfahrung bestätige. Doch sei es *„nicht nötig", dass die genannten Bilder „irgendeine weitere Übereinstimmung mit den Dingen haben. In der Tat wissen wir auch nicht, und haben auch kein Mittel, zu erfahren, ob unsere Vorstellungen von den Dingen mit jenen in irgend etwas anderem übereinstimmen, als allein in eben jener einen fundamentalen Beziehung.*[17]

Diese "eine fundamentale Beziehung" ist als solche statisch, *fest* stehend. Wo wir Dinge ver*stehen,* bringen wir sie zum Stehen!

Vielleicht kann man auch sagen: wir müssen die jeweilige Bewegung von Körpern, Korpuskeln, Teilchen, Energieträgern usw. gleichsam anhalten, um ihre Beziehung - in unserem Erfahrungsraum bewegt sich ein jedes *relativ* zu einem anderen - feststellen zu können (auch um den

---

[17] *H.Hertz,* Prinzipien der Mechanik (Einleitung), zit. nach *W.Heisenberg,* Das Naturbild der heutigen Physik (Hamburg. 1960), 112.

Preis der Veränderung eines Quants). Das schließt statistische bzw. wahrscheinliche Aussagen ein.
Der zitierte "metaphysische Glaube an die Realität der Außenwelt", fundiert (nach *Hertz*) zumindest "in eben jener einen fundamentalen Beziehung", bestätigt erkenntnistheoretisch die Gleichung des alten Denkers *Parmenides*: "dasselbe ist Denken und Sein". Was Gesetz und Struktur heißt, ist Wissen, Information, wo forschender Geist und erscheinender Gegen*stand* (Natur) übereinkommen.[18]
Erkenntnis, Information *entsteht* zwar (im Augen-Blick) - und entstehend ereignet sich Übereinkunft von Sein und Denken -, doch entstanden *steht* sie *fest* (bis sie im Geist eines Lernenden neu *ent*steht).[19]
Diese Einsichten betreffen die naturwissenschaftlich erforschte Mikro-Welt und Makro-Welt.
Dabei ist die weithin formalisierte Erkenntnis der Welt nicht die einzige. Die von Menschen in ihren eigenen Dimensionen erlebte makroskopische bzw. mesokosmische Welt hat ihr eigenes Recht.
Hier bleibt die Rede von *Wesen*, *Dasein*, von Existenz, *Form* usw., Betrachtungs- und Erlebnis-Weisen gültig, sie sind durch maß-strukturelle Beobachtungen nicht ersetzbar und als solche nicht auf Mikrophysik rückführbar.

---

[18] So der o.g. Beitrag von *C.F. von Weizsäcker* über Parmenides und Quantentheorie (a.a.O.), 229-249

[19] Hier rühren wir an das Thema *Lernen durch Erinnerung* des Sklaven *Menon* in *Platons* gleichnamigem Dialog

Hier geht zu Recht die Rede von *Substanz*, von Brot und Wein, von *Gestalt*, von eidetischer Schau, vom *Wesen* der Dinge, von Wesenserkenntnis und Seins-Gehalt.[20]
Wie unentbehrlich auch die nicht-formalisierte Betrachtung für Naturwissenschaft ist, zeigt jener anti-reduktionistische Zweig der Biologie, von Forschern wie *Buytendijk*, *Portmann, Zoller* u.a. vertreten: die Bedeutung der Gestalt, Schönheit, ja des "Innenlebens" im Reich des Lebendigen, wo der Blick über physiko-chemische und evolutionäre Faktoren hinausgeht. "Selbstdarstellung" und Individualität des Lebendigen gehen ineinander über.[21] Dieser alternative Blick schaut das Bleibende - z.B. Krokusse als erste Boten des Frühlings - mit der naiven, aber auch künstlerischen Wahrnehmung, indes ringsum "alles fließt", d.h. ständig neue, nie still stehende, jeweils ´letzte` Erkenntnisse analysierender Forschungszweige einander ablösen.[22]
Aber die *fließende* Welt *Heraklits,* der *Fluss als solcher* entzieht sich dem Denken des *Parmenides,* d.h. dem Denken des *logisch* denkenden, *fest*stellenden Geistes so hartnäckig, dass es sie leugnet oder wenigstens banalisiert! Das logisch vorgehende Denken ist ständig bemüht, dem, was sich ihm gezeigt *hat*, *nach*zukommen, und es erfasst, was steht oder ruht. So ist es geneigt, Veränderung als bloßen Schein, wenigstens als unerheblich, ja störend für *wahre* Erkenntnis zu werten - eben weil die Welt des Veränderlichen keine *bleibende* Erkenntnis liefert.
Die veränderliche Welt des Kleinen und Vergängliches

---

[20] Vgl. *E. Coreth,* Grundriss der Metaphysik (Innsbruck-Wien 1994); *J.B. Lotz*, Die eidetische Erfahrung der Wesenheit, in: Transzendentale Erfahrung (Freiburg-Basel-Wien 1978), 75-93

[21] *A. Portmann*, Vom Lebendigen (Frankfurt/M. 1973); *ders*., An den Grenzen des Wissens (TB Frankfurt/M. 1976)

[22] *A. Portmann,* Alles fließt - Wege des Lebendigen (Freiburg-Basel-Wien 1967), 131-158

durchstreifen ja nach alter Vorstellung üble und schlechte Dinge. Deshalb suche *der Weise* die Verähnlichung mit Gott: er kümmere sich nicht um das Konkret-Alltägliche, Praktische: wer seine Nachbarn sind und wie sie leben, kaum ob sie Tiere sind oder Menschen; wohl aber studiere er, was ein Mensch *überhaupt* ist, was seiner Natur zieme, was gerecht ist und fromm.[23]
Auch der (frühen) Philosophie geht es also um das Bleibende, um die "Gestalt" des Menschen.

4. "Alles fließt" als Problem der Ethik

So die Grundhaltung der klassischen Philosophie zu konkreten Phänomenen und Gestalt-Wandlungen. Sie legt auch die Voraussetzungen der Ethik als allgemeiner Disziplin.
Allerdings sah *Aristoteles* auch die Grenzen der allgemeinen Wesensethik, die dazu neigt, den konkreten Fall - es geht um menschliche Schicksale ! - zu ignorieren oder zu vernachlässigen.
In der Nikomachischen Ethik arbeitet er die Tugend der *Epikie* heraus, die sich bemüht, dem Sonderfall und Ausnahmefall, den die allgemeine gesetzliche Regelung nicht vorsieht und einkalkuliert, gerecht zu werden (im Sinne eines Sonder- oder Ausnahme-Rechts).
Das europäische Mittelalter lernte unter den Schriften des *Aristoteles* in Übersetzung auch seine Ethik kennen. Sie beeinflusste bald das Denken bedeutender Philosophen und Theologen.
Auf ihrer Grundlage argumentierten *Albertus Magnus,* dann *Thomas von Aquin* mit der *Veränderlichkeit* des Menschenlebens, welche die Anwendung *allgemeiner* sittlicher Normen nicht selten problematisch macht. Vor den zeitlos-statischen Normen der Wesensethik bewegen

---

23 *Platon*, Theaitetos 174a-176a

sich biographische Einzel- und Sonderfälle gleichsam im Mikrobereich. Individuelle Schicksale sind durch *allgemeine* Erkenntnisse und Ableitungen nur begrenzt fassbar.
Hier mag eine gewisse Analogie erscheinen mit der Grenze eindeutiger Erkenntnis, wie sie aus *Heisenbergs* Unschärferelation hervorgeht: ein modernes Beispiel, wie die Natur gerade dort, wo es um das Kleine und Kleinste geht, dem menschlichen Erkenntnis-Instrumentarium die Grenze seiner ´Passung` aufzeigt. Das Erkenntnis-Vermögen des Menschen ist makroskopisch angelegt. Soweit es "passt" für das Studium lebendiger Phänomene im "Mesokosmos", spricht etwa *Konrad Lorenz* vorsichtig von "mehr oder weniger weit gehender *Analogie*" und erklärt sie als phylogenetisch bedingte Anpassung an einen dreidimensionalen Weltausschnitt.[24]
Das heißt: hoch auflösende Exaktheit menschlicher Erkenntnis ist *vom Ansatz her* nicht erwartbar.
Dieses Ergebnis findet auch andernorts Bestätigung. Einen weiterem Beleg bietet z.B. die Chaos-Theorie: wir können uns die Wirkungs-Weise des sog. „Schmetterlings-Effektes" in chaotischen Systemen - die Rückkopplungseffekte von minimalen Veränderungen - nur ansatzweise vorstellen, da unser Denkapparat auf lineares Denken geeicht ist. Das nicht-linear Veränderliche entzieht sich *im einzelnen* dem vor(aus)sehenden Zugriff.
Auch im Rahmen klassischer Metaphysik, welche die enge Korrespondenz von Sein und Geist zusammen mit der *Wesens*schau betont, ist die Distanz zwischen menschlichem Erkenntnis-Apparat und objektiver, veränderlicher Wirklichkeit beachtlich.
Das rührt von gewissen unreflektierten Grundannahmen. Metaphysisches Denken entstand aus dem Prinzip des

---

[24] Nach *G. Vollmer*, Evolutionäre Erkenntnistheorie (Stuttgart-Berlin ^{7}1998), 4-56, der *Lorenz*` Sicht prinzipiell teilt

Kreises, es fasst den Gang der Dinge, auch der menschlichen Dinge noch zyklisch, in Analogie zu Kommen und Gehen von Jahreszeiten und Äonen. Für dieses Denken stehen *Idee* und *Wesen* unveränderlich in bzw. über Raum und Zeit (wie die Metrik von *Heraklits* Welt-Feuer); sie bedürfen in Zeiten von Verwirrung und Chaos der Wiederentdeckung, um die gestörte, entartete Welt in die Ordnung zu bringen, d.h. zum Ursprung (Ur-Gesellschaft, Ur-Mensch). Hier wirkt das *mythische* Weltbild fort.[25]

Für das qualitativ *Neue, Andere* von Geschichte und Evolution hat Metaphysik keinen Sinn.[26]

Ein humorvolles Beispiel für diese Beobachtung liefert *St. Exupéry`s* Kleiner Prinz beim Besuch des fünften, winzigen Planetoiden. Dort trifft er auf den Laternenanzünder. Der muss jede Minute einmal die einzige Straßenlaterne anzünden und wieder löschen: Den Grund für die sonderbare, schweißtreibende Geschäftigkeit erklärt er mit der Anweisung, der er folgen müsse. "Da gibt es nichts zu begreifen (..) Die Anweisung ist eben die Anweisung. Guten Morgen! Und er löschte seine Laterne aus". Die Anweisung sei früher vernünftig gewesen, gibt er dann doch Auskunft, habe zwischen Morgen und Abend Arbeit und Erholung geregelt. Doch heute bestehe das Drama darin, dass die Anweisung nicht geändert wurde: "Der Planet dreht sich von Jahr zu Jahr schneller [d.h. dem Morgen folgt sogleich der Abend], doch die Anweisung hat sich nicht geändert!"

---

25 Vgl. z.B. *M. Eliade,* Kosmos und Geschichte (TB Frankfurt/M.- Leipzig 1994).- Dass in dieser Epoche das *ptolemäische* Weltbild mit der Erde als Zentrum in Geltung war, ist kein Zufall. Den Unterschied zu heute ermisst, wer sich das grenzenlos in Raum und Zeit expandierende Weltall vor Augen hält.

26 Diesen Unterschied betont nachdrücklich *G. Krüger*, Grundfragen der Philosophie (Frankfurt/M. [2] 1965), 41-44

Die Instanz für die Anweisung an den Laternenanzünder lässt der Dichter anonym, seine Aufmerksamkeit gilt der Anweisung selbst, die unberührt von allen Veränderungen fortbesteht, bis sie absurd und zu einem "schrecklichen Dienst" geworden ist.
Einem statisch ausgerichteten Denken, das Veränderungen als Störungen und Abweichungen auffasst, verwehren seine Voraussetzungen das *innere* Verständnis für etwas qualitativ *Neues* in der *Geschichte* - wie für das Neue und Einmalige der Epiphanie Gottes in Jesus Christus, den "Kairós" im NT, ebenso wie für die Appell-Funktion des "Nächsten" für christliche Ethik.[27]
Die Differenz macht nochmals die Passage aus *Platon* deutlich: dem Philosophen sei "der Nächste (ὁ πλησίον) und der Nachbar, und was er macht, verborgen"; ihn interessiere, was ein Mensch *an sich* sei und was "zur Menschen-Natur" gehöre (*Theaitetos* 174b).

4.1 Epikie als Korrektiv

Von dieser Einstellung weicht die Lehre über *Epikie* (*aequitas*, Billigkeit) insofern ab, als sie das Eigenrecht des Einzelnen - des unbequemen Nachbarn - gegenüber dem Allgemeinen wahren will.[28]
Sie hat zwar auch kein Auge für *geschichtliche* Entwick-

---

[27] *M. Müller*, Erfahrung und Geschichte (Freiburg/Br. 1971), 68f. 251-260.- Bezeichnend für ungeschichtliches Denken in der Theologie die spontane Äußerung des päpstlichen Beraters *Sebastian Tromp* nach Eröffnung des 2. Vatikanischen Konzils: "Wir reden vom modernen Menschen: Aber den gibt es nicht!" Zitat nach *H. Küng*, Erkämpfte Freiheit - Erinnerungen (München-Zürich 2002), 363; vgl. ebd. 106.

[28] Vgl. dazu *K.P. Fischer*, "Heute, wenn ihr seine Stimme hört" - Beiträge zu einer Theologie des Kairós (Wien 1998)

lungen und Verwicklungen, für Besonderes und Einmaliges. Aber sie hat das *Kleine* (*tò mikrón*) im Blick, fasst dieses nicht gleich als gestört oder verdorben auf, sondern als etwas, das dem Blick auf das Ganze, Allgemeine, auf das *Wesen* entgeht, und schreibt dieses Übersehen der mangelnden Sehschärfe des Auges zu, das auf das Allgemeine gerichtet ist. So bringt die Epikie-Lehre eine je nachträgliche Reparatur der Wesens-Ethik.
Diese Lehre orientiert sich an der Lebenserfahrung, konkret an der nicht so seltenen Erfahrung von Menschen, in manchen Lebenslagen, gerade *weil* (nicht: obwohl) ein Gesetz oder eine Norm auf sie angewandt wird, um die Gerechtigkeit betrogen zu sein. Sie nimmt die Rechte einzelner Menschen und ihres individuellen ′Falles` gegen voreiligen Totalanspruch des Allgemeinen (in der Wesens-Metaphysik) in Schutz, ′repariert` quasi das Wesensgesetz an einzelnen Schadstellen.
So ehrwürdig die Lehre der Epikie, "Billigkeit", auch ist - bei *Aristoteles*, *Albertus Magnus, Thomas von Aquin* eine echte Tugend oder sittliche Qualität[29] -, im umfangreichen katholischen Welt-Katechismus (von 1993) etwa oder in den Enzykliken Papst *Johannes Pauls II.* sucht man sie vergebens.
Thomas macht darauf aufmerksam, dass die individuellen Verhaltensweisen und Situationen, auf welche die Normen gerichtet sind, quasi unendlich variieren können, es deshalb kein Gesetz gibt, das nicht in irgendeinem Fall versagt, das heißt, diesen Einzelfall nicht vorhersieht, nicht erfasst. Denn - so *Aristoteles* - ein Gesetz oder eine Norm bezieht sich nur auf die Mehrheit der Fälle. Daher gibt es eine Minderheit von Fällen, welche die Norm nicht angemessen berücksichtigt. Hier ist oder wäre die

---

29 Nikomachische Ethik V, 10; Super Ethica 379-387; Summa Theologica I-II q. 96; II-II q. 120.- In dem klassischen Werk von *J. Messner*, Ethik (Innsbruck-Wien-München 1955) findet Epikie nur marginale Beachtung (S.272).

starre Anwendung von Norm oder Gesetz nicht gerecht, ja gegen dessen Sinn, der ja in Verwirklichung und Förderung von Gerechtigkeit und Gemeinwohl besteht. In diesen Fällen, so *Thomas*, sei oder wäre es *malum* (böse, schlecht), die Norm zu befolgen; gut jedoch, den Wortlaut des Gesetzes außer Acht zu lassen und das zu befolgen, was der *Sinn* der Gerechtigkeit und das Gemeinwohl fordern.

Nach *Albertus Magnus* ahmt die Epikie den Sinn der normativen Gerechtigkeit nach, zwar nicht buchstäblich in diesem Fall, jedoch der Absicht nach. Sie wende die Absicht des Gesetzgebers, nämlich die Förderung des Gerechtigkeit, auf Einzelfälle an, wo das Gesetz wegen seiner allgemeinen Fassung versagt.[30]

Albert bespricht die Epikie mehrmals, übergibt die Sorge um diese Tugend seinem Schüler *Thomas*.

Als Beispiel dient *Thomas*, wie seinem Lehrer, der Fall, dass normalerweise die Pflicht gilt, jemandem ein zur Aufbewahrung oder leihweise anvertrautes Gut auf dessen Verlangen zurückzugeben. Handelt es sich nun bei dem anvertrauten Gut z.B. um eine Waffe, wäre es sinnwidrig im Sinne der Gerechtigkeit, sie dem Eigentümer auch in jenem Fall zurückzugeben, wo der sich in einem unkontrollierten Zustand befindet oder eine Gewalttat ankündigt. Eine solche *Ausnahme*situation kann die *allgemeine* Gerechtigkeitsnorm, den Normalfall vor Augen, nicht einbeziehen und nicht aussagen.

In einem Ausnahme-Fall (erklärt *Aristoteles*) müsse man so entscheiden, wie der Gesetzgeber entscheiden würde, wenn er von diesem Fall wüsste, oder wie er entschieden hätte, wenn er den Fall hätte voraussehen können. In Ausnahme-Fällen wird jemand, der wie jeder andere unter dem allgemeinen Anspruch der Gerechtigkeit steht,

---

30 Super Ethica p.379 + p. 380. Zit. nach *Albertus Magnus*, Ausgewählte Texte (Hg *A. Fries*, Darmstadt [2] 1987)

zum Gesetzgeber in eigener Sache: es wäre ein Widersinn zur gerechten Norm, also *un*gerecht, dem Eigentümer in diesem untypischen (Ausnahme-) Fall die Waffe auszuhändigen.

Thomas betont aber, es müsse eine *Not*-Situation vorliegen, wo sofort entschieden und gehandelt werden muss; normalerweise sei es Sache der zuständigen Autorität, von der gesetzlichen Vorgabe zu dispensieren. Wenn unbestreitbar der Grundsatz gilt "die Not unterliegt nicht dem Gesetz", ist damit auch gesagt: eine Not-Situation wird von allgemeinen Normen nicht betroffen.

Das Problem ist aktualisierbar. Den Normalfall im Blick hat das 8. Gebot "Du sollst kein falsches Zeugnis geben!" Einige Theologen halten dieses Gebot für absolut (in jedem Fall, ausnahmslos) gültig. Wer es dennoch bricht, untergrabe das lebenswichtige Vertrauen unter Menschen und ihre Kooperation. Daher kommt kein Gesetzgeber daran vorbei, Verstöße und angerichtete Schäden zu ahnden.

In Ausnahmefällen aber kann ein falsches Zeugnis Menschenleben retten, wenn z.B. jemand in seinen Privaträumen einer unschuldigen Person Zuflucht gewährt, die wegen ihrer Rasse oder Religion von Staatsorganen oder einem Mob verfolgt wird und nur dann unversehrt bleibt, wenn ihr Beschützer auf Nachfrage verneint, dass sie bei ihm Zuflucht genießt. Unter den Diktaturen des 20. Jahrhunderts haben einige so gehandelt. Heute wiederholen sich solche Konflikte in manchen Fällen des sogenannten Kirchenasyls.

Allerdings betonen fast alle Theologen, die um Epikie wissen, sie beziehe sich nur auf den menschlichen, nicht auf den göttlichen Gesetzgeber:

"Das positiv göttliche Gesetz ist vom Herrn für alle Zeiten und Völker gegeben und im allgemeinen auch für jeden erfüllbar".[31]
"Im allgemeinen für jeden erfüllbar" meint: für jeden Menschen, der gesund, bei Verstand, normal erzogen und mündig ist. Das Zitat setzt offenbar zivilisierte, politisch und ökonomisch friedliche Verhältnisse voraus.
Fragt man jedoch, ob normale Menschen in Lebenssituationen kommen können, die das "positiv göttliche Gesetz" nicht vorsieht, antworten Theologen gewöhnlich negativ.
Die ungenannte Begründung oder Unterstellung dürfte etwa so lauten: Epikie ("Vollgerechtigkeit") ist bei *göttlichen* Gesetzen nicht anwendbar, da der göttliche Gesetzgeber/Schöpfer, anders als Menschen, auch die unzähligen Einzel- und Sonderfälle in seinem Geist gegenwärtig hat und diese in den von ihm gegebenen Normen von vornherein mit berücksichtigt sind. Gott fordere nichts Unmögliches. Was er in seinen Geboten den Menschen aufträgt, sei mit seiner Hilfe oder Gnade erfüllbar, um die man ihn auch bitten dürfe und solle.[32]
Albert und *Thomas von Aquin* verkennen nicht die Differenz zwischen göttlichen und menschlichen Gesetzen. Die durch die Zehn Gebote ausgedrückte Gerechtigkeit sei unwandelbar, erklären sie; wandelbar aber sei die Anwendbarkeit oder 'Passung`, also die Frage, welche Handlungen *situativ* als Mord, Ehebruch, Diebstahl usw,

[31] *Mausbach/Ermecke,* Katholische Moraltheologie I (Münster 1954), 151
[32] Konzil von Trient, sess. VI Cap.11

zu qualifizieren und zu deklarieren sind.[33]
Albert nennt Beispiele aus der Bibel.
Jesus heilt einen Aussätzigen, obwohl diese Leute als von Gott gestraft (Num 12.9f; 2Sam 3,29), exkommuniziert (Lev 13,45f) und als unberührbar galten. Jesus aber, ihn anrührend, heilt ihn (Mk 1,40ff Par). Indem Jesus den Unberührbaren berührt und so heilt, "übererfüllt er das Gesetz", da die erwähnten negativen Bestimmungen die Lebensordnung der Gesellschaft schützen wollen und Jesus mit der Heilung eben diesen *Sinn* der ausgrenzenden Normen erfüllt.
Ein anderes Beispiel ist *Mattatias*, Ahn der Makkabäer, der seine Leute anwies, auch am *Sabbat* zu den Waffen zu greifen, um sich und Gottes Recht zu verteidigen (1Makk 2,39ff). Er brach das Sabbatgebot genau zu dem Zweck, das heilige Recht und Leben des Bundesvolkes (gegen den Assimilierungsdruck der Seleukiden) zu retten oder wiederherzustellen. Stur-unbewegliche Beachtung des Sabbatgebotes hätte Tod gebracht, was den Sinn dieses Gebotes ad absurdum geführt hätte.
Auch Jesus erfüllte etliche Male nicht den Buchstaben, sondern den *Sinn* des Gesetzes.[34]
Albert zögert also nicht, auch göttliche Gebote für nur begrenzt anwendbar einzuschätzen und Ausnahmefälle, darunter biblische, namhaft zu machen. Ausdrücklich erklärt er, der sture, auf keine Ausnahmen erkennende Buchstabengehorsam sei ein Fehler (*vitiosum*), nicht nur bei menschlichen, sondern *auch bei göttlichen* Gesetzen (*leges divinae*).

---

33 Summa Theol. I-II q. 100 a.8 ad 3; vgl. *Albert*, Super Ethica p. 383-384. 386; s.a. z.B. *J. Gründel,* Wandelbares und Unwandelbares in der Moraltheologie (Düsseldorf 1967), 98-114. Diese Unterscheidung leuchtet jungen Leuten oft nicht ein, da sie Lebenserfahrung und vertiefte Empathie voraussetzt.

34 Super Ethica p. 381; Super Matth. 8,3

Dazu zitiert er ein anderes Beispiel aus *Aristoteles*: ein Patriot, der sich an die Frau eines Tyrannen heranmacht, um dessen Pläne zu erfahren und seine Heimat zu retten, bricht das sechste Gebot.

Albert setzt das Aristoteles-Beispiel in freie Parallele zur Tat *Simsons*, der gegen göttliches Verbot (Dtn 7,2ff; dazu 21,10ff) eine Philisterin freit, um in die Reihen der Philister einzudringen und sie zu bekämpfen (vgl. Ri 14-15).[35]

Albert deutet die Parallele jedoch nur an, führt sie nicht aus. Für die Bibel ist es aber Gott selbst, der *Simsons* Fremdheirat fügt, damit gegen sein eigenes Verbot verstößt, doch zu dem Zweck, die Reinheit Israels gegen das Fremdvolk der Philister zu wahren (Ri 14,4). Auch hier würde gelten: *Simson* bricht das Verbot dem Buchstaben nach, handelt aber in dessen Geist. Er tut es, nach Darstellung des AT, unter Führung Gottes, des Gesetzgebers, der hier selbst aufzeigt, dass der *Geist* seiner Gebote (auch der negativen!) über dem Buchstaben steht.

Nun geht es ja in dem von *Albert* und *Thomas* genannten Beispiel auch um den Bruch der Ehe des Tyrannen. Auch dessen Ehe ist - unabhängig davon, was der Tyrann mit oder ohne seine Frau an politisch-militärischen Plänen ersinnt - in der Schöpfungsordnung eine Gabe Gottes, deren Bruch nach Jesu Wort der Schöpfer *nicht* will. *Albert* erwähnt *Aristoteles*` Beispiel zwei Mal und fügt beim zweiten Mal an, der Ehebrecher, der aus patriotischem Motiv in die Ehe des Tyrannen eindringt, werde nach *bürgerlichem* Recht nicht bestraft (*civiliter non punitur*). Im Zusammenhang geht es aber um Epikie, die nach *Albert* auch für göttliche Gesetze gilt,[36] da es zu

---

[35] Super Ethica I. 5 tr. 4 c. 1

[36] Auch der hl. *Alphons von Liguori* wandte die Epikie nicht nur auf menschliche Gesetze, sondern auch auf das natürliche Sittengesetz an: *B. Häring*, Frei in Christus I (Freiburg-Basel-Wien 1989), 355f

Fehlern führe, nur nach dem Buchstaben eines Gesetzes zu fragen, statt nach dessen *Geist*.
Vielleicht ist das Beispiel bei *Albert* nicht ganz zu Ende gedacht. Doch könnte man situativ hier eine Güter- oder Werte-Kollision sehen: das zu respektierende Gut der Ehe des Tyrannen kollidiert mit dem Schutz-Wert der Heimat des Ehebrechers. Man könnte argumentieren, Respektierung der Ehe des Tyrannen unter allen Umständen, also ausnahmsloser Buchstaben-Gehorsam sei absurd, wenn der Preis der Verlust der Heimat, der Freiheit und vieler Menschenleben wäre. Vom "Prinzip der Doppelwirkung" her betrachtet,[37] hätte *im konkreten Fall* die absolute Respektierung des Gebots "Du sollst nicht ehebrechen" neben dem Schutz der Tyrannen-Ehe die Wirkung, den Tyrannen ungestört und ohne Gegenwehr der Betroffenen seine Eroberungspläne verfolgen zu lassen. Hier wäre es absurd, dem Verbot, die Frau des anderen zu begehren, zu gehorchen, falls der Ehebruch - etwa aus Zeitgründen - der einzige Weg wäre, ein viel größeres Übel zu verhindern. Zulassung des viel größeren Übels könnte in diesem Fall nicht Sinn der Wahrung von Gerechtigkeit und Gemeinwohl sein. M.a.W.: das göttliche Verbot des Ehebruchs gilt absolut, falls sein Bruch nicht durch ein entsprechend hohes Gut gerechtfertigt werden kann.

---

37 Vgl. dazu *P. Knauer,* Negative und affirmative Gebote, in: Handlungsnetze - Über das Grundprinzip der Ethik (Frankfurt/M. 2002), 76ff

Erfahrungsgemäß tritt dieser Fall nur in Ausnahme-Situationen auf. [38]
Ein vergleichbarer Fall ist der Tyrannen-Mord. Das 5. Gebot gilt als negatives Gebot "Du sollst nicht morden" absolut. Die Verschwörer vom 20. Juli 1944 konnten - ungeachtet ihres Treu-Eides - den Plan zur Ermordung des "Führers" ethisch nur rechtfertigen mit dem Argument, das auch der biblische Hohepriester gegen Jesus vorbrachte: besser stirbt einer, als dass das ganze Volk zugrunde geht! (Joh 11,50; 18,14). Erhalt und Leben des Volkes, d.h. von Millionen anderer Menschenleben, dazu Ende des Weltkriegs erschien den Attentätern als entsprechend hohes, ja höheres Gut.
Hegt man die Auffassung, es gebe "in sich schlechte", daher ausnahmslos verbotene Handlungen, die auch dann nicht erlaubt seien, wenn durch sie ein großes Übel verhindert würde (deontologische Begründung), z.B. Verlust von Menschenleben, wären die zwei vorgenannten Beispiele nicht zu rechtfertigen. Aber diese Auffassung hat es schwer, sich vor dem Gerechtigkeitssinn der Vernunft, Gabe und Aufgabe des Schöpfers, zu behaupten.

---

[38] Die vier Kardinäle *Brandmüller, Burke, Caffarra und Meisner* meldeten unter Datum vom 19. September 2016 öffentlich Zweifel ("dubia") an der Lehre der päpstlichen Enzyklika "Amoris Laetitia" an u. rekurrierten u.a. auf eben jenes aristotelische Beispiel, mit der Variante "Geheimagent" (anstelle des Patrioten) und "Terrorist" (anstelle des Tyrannen). Unter Berufung auf Papst *Johannes Paul II.* und sein Rundschreiben "Veritatis Splendor" widersprechen sie *Aristoteles* und *Albertus Magnus*, denn die gute Absicht (Rettung des Vaterlands) verändere nicht das Wesen der "in sich schlechten", daher verbotenen Handlung (Ehebruch). Doch das Thema von Papst *Franziskus* greift weiter.

4.2 Epikie bei Jesus

Aus dem NT lassen sich weitere Beobachtungen für Tugend und Perspektive der Epikie anführen.
Als Jesus von den Frommen seiner Zeit für seinen aufgeschlossenen Umgang mit öffentlich bekannten Sündern gerügt wird, antwortet er mit Gleichnissen wie dem vom Schafhirten und dessen hundert Schafen (Lk 15,1-7). Die 99 Schafe, die der Hirte auch bei Verlust eines einzelnen Schafes behält und für die er Sorge trägt, bilden sozusagen den Normalfall, der Verlust des einzelnen Schafs ist der Ausnahmefall. Als er die 99 in der Steppe zurücklässt, verletzt der Hirte seine normale Obhut-Pflicht: um dem Ausnahmefall des einzelnen, verlaufenen gerecht zu werden, unterlässt er zeitweilig den Schutz der 99 anderen. In Wirklichkeit ´über-erfüllt` er seine Fürsorge-Pflicht für die ihm anvertrauten Schafe.
Ähnlich im nächsten Gleichnis von der Frau, die zehn Drachmen besitzt, aber eine verliert, nun ihre normalen Pflichten aussetzt, um das einzelne so lange zu suchen, bis sie es findet, und dann freudig ihre Nachbarinnen ruft, um den Fund zu feiern (15,8-10).
Man würde die Pointe der zwei Gleichnisse verfehlen, wollte man sagen, die Leute damals, wie sie im Schafhirten und in der Hausfrau vor uns treten, seien arme Leute gewesen, hätten sich den Verlust auch nur eines einzelnen Schafes oder Geldstücks nicht leisten können. Das mag zutreffen. Doch erzählt Jesus die Gleichnisse, um verständlich zu machen, warum er sich für die Sammlung ganz Israels, für die er sich vom "Vater" berufen weiß, nicht konsequent nur an die gesetzestreuen Frommen des Bundesvolkes hält, die offene Ohren für Gottes Wort haben (sollten).
Die Abweichung von Regel und Normalität ist im dritten Gleichnis der Reihe noch gesteigert: während der ältere

Sohn des Vaters im Haus bleibt und eifrig seine Pflichten gegen Gott und Vater erfüllt, weicht der jüngere Sohn nicht nur ab von der Norm für Söhne (4. Gebot), sondern entwickelt provozierende Energie, um die Sohnes-Pflichten auf den Kopf zu stellen und den Vater zu verletzen, bis er gar in Lebensgefahr gerät. Als er wieder Anschluss sucht, unterbricht der Vater, der ihn nie aus seiner Sorge entlassen hatte, den Normalbetrieb und beraumt ein Fest an, um dem Sonderfall gerecht zu werden, den sein jüngerer Sohn darstellt (Lk 15,11-32).

Auf die Spitze getrieben wird die Sorge um den Ausnahmefall im Gleichnis von den Arbeitern im Weinberg (Mt 20,1-16). Der fürsorglichen Gerechtigkeit ist es hier zu tun um jene Arbeiter, die nicht schon früh morgens gedungen werden konnten, weil sie, wohl unverschuldet, zu spät kamen, die aber, um zu überleben, auf Arbeit und Lohn angewiesen sind wie die anderen. Irgendein Umstand oder widriges Geschick hatte verhindert, dass sie früher eingestellt werden konnten. Diese, die nur noch eine Stunde Arbeit leisten, benötigen den Tageslohn nicht weniger als jene, welche die volle Tageslast und Hitze trugen. Ihnen zahlt der Gutsbesitzer den gleichen Tageslohn. Hätte er die früher Gekommenen höher entlohnt als vereinbart, hätte er die späten Arbeiter bestraft, ihre Sondersituation ignoriert. Ihnen wendet er Gerechtigkeit im Sinne von Epikie zu.

Doch diese kann ein anderer Chef in einem weiteren Gleichnis dem dritten Knecht nicht erweisen, der das eine Talent vergrub, statt auch nur den Versuch zu machen, damit zu arbeiten (Mt 25,26-30).

Schließlich fordert der bekannte Gerichtstext (Mt 25,31-46) die Anteilnahme der Christen an außergewöhnlichen Notsituationen anderer Menschen.

Sie können es nur, wenn sie die Ausnahmesituation von Mitmenschen erkennen und darauf *reagieren*, falls diese hungern, krank sind, in Haft oder fremd und obdachlos. Gleichgültig, ob die "ganz Geringen" ursprünglich Juden oder christliche Wandermissionare darstellen,[39] geht es offenkundig um Einzelne, deren Situation man wahrnehmen, für die man normale Pflichten unterbrechen, verschieben oder abwandeln soll - dem Appell gemäß, der vom Verhalten des Samariters im Gleichnis ausgeht (Lk 10,25-37). Dessen Pointe wird ja nur dann scharf, wenn man annimmt, der Samariter befinde sich nicht auf einem Spaziergang, sondern erfülle mit der Reise etwa eine geschäftliche Pflicht gegenüber Familie, Kunden oder Arbeitgeber und verliere an dem Verletzten ´kostbare` Zeit.

Gerechtigkeit für den Ausnahme-Fall - so könnte man eines der Grundanliegen Jesu benennen.-

Die bisherigen Darlegungen hoben unter dem Leitgedanken Epikie stark ab auf Ausnahme-Situationen und individuelle Ausnahmen.

Für den flüchtigen gedanklichen Nachvollzug dieser Darlegung könnte es scheinen, es walte hier die Vorstellung, allgemeine normative Anforderungen könnten Menschen nur selten regulär treffen, da jede individuelle Situation anders, variabel, unvergleichlich sei. Gott könne also keine für immer und alle gültige Normen stellen, sondern nur situative Forderungen (sog. Situations-Ethik). Tatsächlich nähren viele Menschen diese Vorstellung, die sich in der ´Weisheit` äußert, alles verstehen heiße alles verzeihen ("man habe es ja ´recht machen` wollen, habe aber nicht anders handeln können")

Dass diese (um die Mitte des 20. Jahrhunderts propagierte) Annahme nicht zutrifft, ergibt sich daraus, dass

[39] Zum ganzen Komplex vgl. *U. Luz*, Das Evangelium nach Matthäus (Mt 18-25) EKK I/3 (Zürich-Düsseldorf / Neukirchen-Vluyn 1997), 516-561

man von einem durch alle geschichtliche Wandlungen sich durchhaltenden, erkennbaren *Wesen* des Menschen sprechen kann und muss, das auch die Bibel ständig voraussetzt. Es kann und muss also Verhaltensnormen geben, die sich aus dem *Wesen* des Menschen ergeben,[40] und insoweit auch *göttliche* Normen für den Menschen *als* Menschen, die ihn auch individuell angehen.

4.3 Allgemeine Normen: *begrenzter* Wille Gottes

Doch wie steht es mit Erkennbarkeit und Geltung allgemein ethischer Normen, die von *Gott* abgeleitet werden? Schon die Erörterung von Epikie zeigte Grenzen der Anwendbarkeit solcher Normen, da sie offenbar nicht alle individuellen, lebensgeschichtlichen Situationen übersehen und berücksichtigen. Können allgemeine Normen *als allgemeine* überhaupt von Gott abgeleitet werden (in den Evangelien scheint Jesus sich vornehmlich um einzelne Menschen in deren Sonder-Situation zu kümmern - allerdings bestätigt er das Zehngebot) und wie sind sie auf individuelle Lebensgänge anwendbar, wo schon die Epikie das Ungenügende allgemeiner Gesetze

---

[40] Im Gespräch mit *J. Habermas* ließ *J. Ratzinger* im Blick auf die Evolutionstheorie Zweifel erkennen, ob man heute noch aus der vernünftigen Ordnung der Natur Argumente für das Naturrecht gewinnen könne: *Habermas/Ratzinger,* Dialektik der Säkularisierung (Freiburg-Basel-Wien ^{6}2006), 50f. Doch hat die mesokosmische Naturbetrachtung, konkret die Verhaltensforschung, für das Studium "moral-analoger" Verhaltensweisen ihr eigenes Recht und Gewicht. Vgl. die ethologischen Untersuchungen der *Lorenz*-Schule (*Eibl- Eibesfeld*, *Wickler*), die aber wichtige Differenzierungen an der traditionellen Naturrechts-Ethik erbringen. Es ist zudem unwahrscheinlich, dass der evolutive Gesichtspunkt die Ächtung etwa des Mordes (im präzisen Begriff) außer Kraft setzen könnte.

´reparieren` muss?
In Anwendung metaphysischen Denkens gibt sich die Theologie zwar Rechenschaft über die Inkongruenz menschlicher Aussagen ´über` Gott: die von Jesus erbetene Einheit der Jünger und Christen, "so wie wir (Vater und Sohn) eins sind" (Joh 17,22), meine für die Jünger die Einheit der *Liebe*, wogegen die Einheit der göttlichen Personen eine Einheit der *Natur* sei. Entsprechendes gelte von Jesu Ruf zur Vollkommenheit, "wie euer Vater im Himmel vollkommen ist" (Mt 5,48). Jede Ähnlichkeit zwischen Schöpfer und Geschöpf werde stets übertroffen von größerer *Unähnlichkeit* zwischen beiden (IV. Laterankonzil 1215 Kap. 2). Gilt das auch von der *Allgemeinheit* von Normen?
Ist etwa der Genesis-Spruch, der Mann verlasse Vater und Mutter, binde sich an seine Frau und werde mit ihr "ein Fleisch" (2,24), als "Gottes Wille" übersetzbar in eine Norm allgemeiner Art?
Jesus zitiert den Vers, als Pharisäer die damals viel diskutierte Frage stellen, ob ein Mann seine Frau aus jedem Grund entlassen dürfe. Er fügt hinzu, als Ehepaar seien Mann und Frau nicht mehr zwei, sondern *ein* Fleisch. Was der Schöpfer verbunden habe, solle ein Mensch nicht trennen (Mt 19,3-6).
Kann aus Jesu Bejahung der Schöpfer-Absicht die allgemeine negative Norm abgeleitet werden, Scheidung sei in jedem Fall, unter allen Umständen verwerflich, in keinem Fall zu rechtfertigen, Christen aber, die dem Verbot zuwider die Scheidung vom ursprünglichen Partner endgültig machen durch eine zweite Eheschließung, stünden, solange sie diesen Zustand festhalten, objektiv in unversöhnlichem Widerspruch zu Gottes eindeutig-umfassenden Willen?

Die erkenntnis- und aussagen-kritische Zurückhaltung, die wir im Vorhergehenden beachteten, lässt hier fragen nach dem Grad der Unmittelbarkeit sogenannter göttlicher Gebote und Normen: sind ihre Aussage und ihr Anspruch unmittelbar von Gott oder sind sie in der Form, die wir kennen, durch den endlichen Geist gebrochen, reflektieren also Gottes Wille nur begrenzt-analog?
Achten wir auf Details: Die alttestamentliche Formulierung "*ein* Fleisch" (hebr. "*basar æchad*") erinnert an das fundamentale biblische Bekenntnis zum "*einen* Gott" ("*Elohenu æchad*") und lässt in der Einheit der Ehe eine Analogie zum Bekenntnis "Gott ist *einer*" anklingen.
Die Analogie klingt in "*æchad*" zwar durch, wird aber übertroffen durch viel größere Unvergleichbarkeit. Sie drückt sich u.a. darin aus, dass die Ehepartner "ein *Fleisch*" sind. Das besagt nicht "ein Leib", "ein Mensch" und Ähnliches. "Fleisch" (als biblischer Begriff) meint das schwach-hinfällige, gänzlich hilfsbedürftige Menschenwesen, das - einzeln und als Paar - göttlicher Gnade, Hilfe und Vergebung bedürftig ist und bleibt.
Das "*Fleisch*" ist Bezugspunkt der göttlichen Forderung.
Halten wir uns nochmals vor Augen, welchen Gott wir meinen: den Gott Jesu, den Gott, von dem Jesus so unmittelbar-anschaulich spricht: vom barmherzigen Vater, von dem auch um das letzte Schaf besorgten Hirten, vom Schöpfer, der Sonne und Regen spendet Guten wie Bösen usw.
Doch macht Jesus klar, dass er in *Gleichnissen* redet, in Bildern und Analogien, welche die Hörer nicht selten an die Grenze der Fassungskraft bringen. Der Gott der Bibel offenbart sich einerseits in Bildern und Gleichnissen und tritt zugleich hinter ihnen in eine letzte Unfassbarkeit zurück.

Sie deutet sich an etwa in Jesu Wort "der Vater ist größer als ich" (Joh 14,28).

Geht es nun um Gottes *Gebote*, nennt *John Henry Newman* sie "die gebrochenen Strahlen des unteilbaren Gesetzes Gottes".[41]

Newman spricht vom unteilbaren *Gesetz* Gottes, das geteilt, gebrochen ist, sobald es im endlichen Menschengeist, sei es im Gewissen oder in explizit-verbaler Form, zum Ausdruck kommt.

Wie erinnerlich, äußerte *Carl Friedrich von Weizsäcker* als Physiker und Philosoph die Vermutung, der Begriff "Gesetz" sei auf einen allwissenden Geist nicht anwendbar: Gesetze dienten Menschen dazu, etwas noch Unbekanntes von bekannten Zusammenhängen abzuleiten, ein noch unbekanntes Faktum vorherzusehen: *wenn* z.B. ein eben entdeckter Planet von erdähnlichen Dimensionen Wasser enthält, *dann* kann er Spuren von Leben aufweisen (ohne Wasser keine Aminosäuren).

Bei *Sittengesetzen* verhält es sich nicht gänzlich anders als bei Naturgesetzen. Sittliche Normen sagen zwar nicht unmittelbar, was geschehen muss und wird, sondern was geschehen *soll*, weil sie die Freiheit von Menschen ansprechen. Der unmittelbare Zwang ist aufgehoben. Dennoch üben ethische Gesetze über das Gewissen einen merklichen *Druck* auf Menschen aus und sind begleitet von Sanktionen: wer etwa lügt, verändert sich selbst Richtung Unwahrhaftigkeit und erlebt, wenn die Lüge

---

41 Eingehende Analyse bei *E. Bischofberger*, Die sittlichen Voraussetzungen des Glaubens. Zur Fundamentalethik John Henry Newmans (Mainz 1974), 107-111; s. *Newman,* Entwurf einer Zustimmungslehre (dt. Mainz 1961), I Kap.5; II Kap.10 § 2. Schon *Thomas von Aquin* hatte eingeschränkt, die conscientia spiegle die Stimme Gottes nur „per scientiam“, d.h. nach Wissen und Einsicht: De veritate 17,3, zit. bei *E. Schockenhoff*, Das umstrittene Gewissen (Mainz 1990), 87.

aufgedeckt wird, soziale Nachteile durch Belogene und Umfeld ("wer einmal lügt ...").
Vom göttlich-allwissenden Geist nehmen wir an, dass er sowohl die *Natur*vorgänge zuinnerst kennt, auch solche statistischer Art, als auch Inhalt und Realisierungs-Grad ethischer Normen kennt, samt den Schwierigkeiten, die Menschen in ihrem Leben damit haben (zB Gen 8,21; Ps 7,10; Röm 8,27).
Das heißt aber auch hier: Gott selbst bedarf keines Gesetzes, er ist über Gesetze erhaben.
Normen sind für endliche Intelligenzen, bei denen *Sein* und *Sollen* nicht eins sind, sondern verschieden. Metaphysisch liegt es daran, dass in Menschen *Sein* und *Wesen* zwar verbunden, aber nicht identisch sind. Gesetze leiten sich vom *Wesen* ab und zielen auf das *Sein*: dieses, handelnd entfaltet, *soll* mit dem *Wesen* in Übereinstimmung kommen.
So sind Gottes Gebote für Menschen in ihrer Unsicherheit und Zwiespältigkeit Orientierungshilfen.
Schaut man auf die unvorstellbar komplexe, *fließende* Wirklichkeit, Entwicklung und Geschichte, auf Varietät und Spezifität so vieler Dinge in Welt und Leben, sind allgemeine Normen erste Entwürfe, Formen und Instrumente für den unkundigen Menschengeist, um die unüberschaubare Wirklichkeit notdürftig-vorläufig in eine schematische Ordnung zu bringen und sich zu orientieren. Das Schema "allgemeine Norm" trägt in die Welt der Dinge und Vorgänge eine *schlichte* und vorläufige Unterscheidung *Allgemein - Einzeln* bzw. *Konkret* ein. Diese Unterscheidung, die jedes Gesetz voraussetzt, ist eine Hilfe, um vor der Vielfalt der Wesen und Vorgänge einen ersten Stand zu finden. Gesetze, Normen sind daher Geh-Hilfen für Menschen in einer verwirrend komplexen Welt.

Aber, metaphysisch gesprochen, Gott denkt nicht, hat nicht nötig zu denken auf solche Art.

Das demonstriert Jesus immer wieder neu, wenn er Menschen rettet, die durch das Sieb von Gesetzen gefallen sind oder zu fallen drohen (Kranke, Behinderte, Ausgestoßene, Sünder, Wehrlose), indem er sie heilt und ihnen Gottes Vergebung zuspricht. Das mag manchmal wirken wie eine Intervention des Schöpfers, der Menschen ihre Besonderheit, ihren "Fall" (aus dem Rahmen) verzeiht, die der normale Verstand schwer einordnet.

Natürlich liegt (darum verweist Jesus auf das mosaische Gesetz) Dingen und Menschen eine innere Ordnung zugrunde, die sich in formulierbaren Gesetzmäßigkeiten und Normen zeigt. Doch sind sie zu grobe Werkzeuge, um Vielfalt und Komplexität der Welt zu fassen. Sie abstrahieren vom Reichtum der Vorgänge, Vorkommnisse, Schicksale und Wunder schon in der Natur,[42] aber nicht weniger im Menschenleben.

Grundsätzlich muss Gottes Wille im Bezug auf Leben und Handeln jedes Menschen *absolut* sein (eine fast tautologische Aussage). Aber *absolut* ist Gottes Wille nur *in* Gott selbst. Wenn sich Gottes Wille in menschliches Denken ´entäußert`, nimmt er die Form eines - verbindlichen - Gesetzes an, das die grobe Fassung einer *allgemeinen* Weisung erhält, die *als solche* nicht imstande ist, die Vielfalt des Lebendigen und seiner ´Fälle` einzufangen. Wird Gottes Schöpfer- und Heils-Wille im endlichen Menschengeist gespiegelt, hat er unvermeidlich teil an dessen *End*lichkeit, kann also nicht mehr (im strengsten Sinne) absolut sein. Die Allgemeinheit einer naturrechtlichen Norm spiegelt zwar den absoluten Willen Gottes, aber sie tut es begrenzt. Denn der Schöpfer will auch Vielfalt und Reichtum aller einzelnen

---

42 Wir erinnern an *Adolf Portmanns* unermüdliche Verweise auf das "Reich der Gestalten". Dazu *Meurers*, 94-103

Lebewesen und Menschen. Von deren nicht-allgemeiner Besonderheit abstrahiert aber die Norm, das Gesetz
Das erkannte auch *Thomas von Aquin*: In der Ethik gebe es nur die wenigen allgemeinen Grundregeln in Bezug auf die Gerechtigkeit, wie sie in der zweiten Tafel des Dekalogs vorliegen; ihre Anwendbarkeit aber auf das Veränderliche, nämlich auf die teils typischen, teils atypischen Einzelfälle des vielfältig variierenden Menschenlebens ist begrenzt und fehlbar (S. th. I II q. 100 ad 3).[43] Schlicht gesagt: wenn Menschen den Begriff "absolut" formulieren, ist er nicht absolut oder unbedingt, sondern "gebrochen" oder "sekundär". Für das im Menschengeist reflektierte göttliche Gesetz bedeutet dies die Unentbehrlichkeit der Epikie.
Hier ist noch eine andere Überlegung einzubeziehen, die sich bei *Boethius* und *Thomas* findet: der Schöpfer wirkt auf Geschehnisse der geschaffenen Welt nicht unmittelbar ein, sondern wirkt in ihr mit den Mitteln der Welt selbst – *Thomas* spricht von Sekundär-Ursachen oder „mittleren“ Ursachen, die Gott als Mittel, Medium oder Vehikel seines Willens dienen. Das bedeutet: Auch Gottes Vorsehung und Fürsorge nehmen selbst eine bedingt-begrenzte, räumlich unterschiedene, zeitlich gestreckte, grundsätzlich nicht-göttliche Gestalt und Erscheinung an. Dies trifft sich mit der bei *Cusanus* und *Leibniz* formulierten Einsicht: Gottes Wille, der sich ins Endliche entäußert, erscheint notwendigerweise gebrochen, fragmentiert, undeutlich, unfertig u.ä. (ähnlich einer unendlichen Geraden, die, wenn sie endlich wird, einer

---

43 *B. Häring* unterscheidet: Epikie bezieht sich auf das natürliche Sittengesetz nur, wo es in Form von Sätzen und Lehren, als Ergebnis menschlicher Reflexionen, vorgetragen wird, nicht aber, insofern es in Herz oder Gewissen geschrieben ist: Frei in Christus I (a.a.O.), 355f. Doch hier wäre noch weiter zu differenzieren. *Newman* spricht von den "gebrochenen Strahlen" des göttlichen Gesetzes.

Krümmung unterliegt).
Die Schöpfungslehre ergänzt diese Sicht um einen weiteren Aspekt: die Eigenständigkeit der Welt.
Eigenständigkeit von Welt und Weltgeschehen ist der durchgehenden Abhängigkeit vom Schöpfer nicht umgekehrt proportional, „sondern direkt proportional. Je gefüllter die restlose Abhängigkeit eines Geschöpfes von Gott ist, umso größere Eigenständigkeit kommt diesem Geschöpf zu ... Abhängigkeit von Gott beraubt das Geschöpf nicht seiner Eigenständigkeit, sondern verleiht ihm diese überhaupt erst“.[44]
Eigenständigkeit der Schöpfung heißt auch *Eigen-Gesetzlichkeit,* eingeschlossen die *Entwicklungsdynamik* der Welt ! Die Eigengesetzlichkeit des Weltgeschehens (nach physikalischen, chemischen, geologischen, biologischen, ökonomischen usw. Gesetzen) ergibt sich aus Endlichkeit und Eigenständigkeit der Schöpfung, ist als solche, in eins mit der Schöpfung, von Gott gewollt und bejaht.
Diesen theologischen Sachverhalt betonte auch das II. Vatikanische Konzil.[45]
So will und schafft der Schöpfer die Welt und alles, was existiert, eigenständig und eigengesetzlich; anders wären sie nicht vollständig.
Hierher gehören auch die Gebote. Sie sind gleichfalls als Gesetze des Schöpfers zu betrachten, sind aber von der Strenge der Gesetze für unter-menschliche Wesen darin unterschieden, dass sie, an die Freiheit der Menschen gewandt, nur sagen, was geschehen *soll,* nicht, was gesetzmäßig geschieht (wie bei den Dingen und unfreien Wesen), sondern sagen, in welcher Weise gehandelt oder

---

44 *Knauer, P.,* Der Glaube kommt vom Hören. Ökumenische Fundamentaltheologie (Norderstedt [7] 2015), 40

45 Pastoralkonstitution *Die Kirche in der Welt von heute*, Nr.36; dabei wird die relative Autonomie der Schöpfung von einer falsch verstandenen absoluten Autonomie unterschieden.

nicht gehandelt werden *soll*. *Sein* und *Wesen* sollen aktiv zur Einheit kommen.
Nicht weniger als bei Dingen und unfreien Lebewesen bringen sie zum Ausdruck, welche Gestalt, welches Ziel und welche Kontur die frei handelnden Menschen nehmen und annehmen sollen. Mithin lassen die Gebote, positiv wie negativ, das - allgemeine - *Menschenbild* des Schöpfers erkennen - im Umriss. Das liegt an ihrer Allgemeinheit.

5.1 Komplementarität im biblischen Gottesbild

Immer wieder sind Gläubige irritiert und fragen: Ist Gott, an den wir glauben, gnädig oder gerecht? Wenn er gerecht ist, ist er streng und straft. Wenn er gnädig ist, verzeiht er. "Alles verstehen heißt alles verzeihen", sagt der Volksmund. Als ein Priester den sterbenskranken Dichter *Heinrich Heine* auf Gottes Vergebung hinwies, soll dieser geantwortet haben: "Natürlich wird er mir vergeben, das ist sein Beruf!" Doch lehrt die Lebenserfahrung von jeher, dass jemand, dem vergeben werden soll, nicht nur Schwäche gezeigt, sondern oft *Schuld* auf sich geladen hat. Vergebungsbereitschaft kann mit Gerechtigkeit kollidieren.
Nun bezeugt die Bibel von Gott: "Gnädig ist JHWH und gerecht, und unser Gott ein Barmherziger" (Ps 116,5).
Wie jemand gnädig und gerecht zugleich sein kann, bringt menschliche Erfahrung nicht zusammen: entweder ist Gott gerecht, dann kann er nicht zugleich gnädig sein, und umgekehrt. Im 130. Psalm ruft der Beter aus: "Würdest du, JHWH, unsere Sünden beachten, JHWH, wer könnte bestehen? Doch bei dir ist Vergebung, damit man dir ehrfürchtig diene" (vv 3-4).

Hier soll deutlich werden: Gottes Vergebung kommt aus seiner Freiheit, hat aber als Zielsinn die ehrfürchtige Zuwendung von Mensch und Bundesvolk zu Gott und seinem Lebensgesetz. Der "Gott der Vergebung" (Neh 9,17) will die Chance eröffnen, dass der Mensch Gott - neu - erkennt und den ihm gewiesenen Heilsweg einschlägt (Dtn 10,20). Es geht nicht um göttliches Rechthaben-wollen oder - müssen, sondern um das gelingende Leben, das Heil-Sein des Menschen. Das wird von Jesus im Gleichnis vom Vater und dem "verlorenen" Sohn nochmals scharf herausgestellt (Lk 15).[46]

Die erschreckende Erzählung vom Gericht über Sodom und Gomorrha (Gen 18), das hereinbricht trotz Abrahams Bitte, Gott möge sich der Städte erbarmen, enthüllt die Kehrseite: wo sich in einer Gruppe keiner findet, der sich - stellvertretend für die Bös-Täter, für sie eintretend (Jes 53,11-12) - Gott zuwendet und seine Vergebung sucht, gehen die Menschen an dem Unheil, das sie erzeugen, hilflos zugrunde, ist ihnen nicht mehr zu helfen. Dann ist der Schöpfer, der mit leidenschaftlicher Liebe (hebr. *qin^{e}'ah*, gr. *zælos*: Ex 20,5) um sie ringt, nur "Zorn" (*'aph; orgé*: Mt 22,7 Par; Joh 3,36) und reines Strafgericht.

Der Mensch entscheidet also selbst, durch sein Verhalten zu Gott, ob dieser ihm (nur) gerecht oder barmherzig begegnet. Er verändert durch sein Verhalten - Zuwendung oder Abwendung - das Gottesbild bzw. die Art, wie Gott sich ihm zeigt. Daher kann Jesus quasi im selben Atemzug Furcht vor Gott - anstelle von Menschenfurcht - lehren und zum Nicht-Fürchten, also Vertrauen zu Gott, aufrufen (Mt 10,28.31). Der biblische Glaube betont stets, dass Gottes Erbarmen niemandem geschuldet ist, sondern aus vollkommener Freiheit stammt: so wie er das

---

46 Vgl. *A. Deissler*, Die Psalmen (a.a.O.), 511-514; *ders.*, Gehen mit Gott - Leittexte aus dem AT (Stuttgart 1991), 108-112; *ders.*, Grundbotschaft (a.a.O.), 69-73

Herz des Pharao verhärtet, unzugänglich macht für JHWH, so sieht *Paulus* die Juden im Verhältnis zum Gott Jesu: er bricht die verschlossene Herzenstür nicht gewaltsam auf, sondern wendet sich zu, wem er mag (hier: den Völkern), bleibt aber seinem ´erstgeborenen Sohn` Israel in Treue zugewandt (Röm 11,29).
Das bedeutet aber auch: Der Gott der Bibel ist durch "absolute", eindeutige Aussagen und Gesetze nicht zu fassen, man erkennt ihn darin nur mittelbar, bedingt und relativ - weil der Mensch und sein Ja oder Nein zu Gott sozusagen den göttlichen Gehalt des Gesetzes oder Gebotes und seiner Konsequenz mit bedingt. Weder der Mensch, noch weniger Gott ist reduzibel auf ein Gesetz, wenn man sie auf ´den Punkt - bzw. den Einzelfall - bringen` will.
Hinzu kommt, wie erwähnt, die fließende Wirklichkeit. Die Fluidität der Dinge und menschlichen Verhältnisse lässt keine statische Beurteilung eines Menschen oder Menschenpaares zu. Übertritt ein Mensch ein göttliches Gebot oder Verbot, muss seine Gottesbeziehung davon nicht berührt sein (wenn er etwa den göttlichen Ursprung des Gebotes nicht wusste oder glaubte, sich nicht anders helfen zu können als durch dessen Verletzung: ein Not-Fall!) oder sie kann, falls tangiert, wieder erneuert sein, wiewohl unter neuen Umständen. So ist, vorgreifend benannt, auch das Urteil, ein wiederverheiratet geschiedener Mensch befinde sich wegen seines Lebensstandes anhaltend "in objektivem Widerspruch" zum Willen Gottes, durch seine Statik buchstäblich von gestern und verkennt überdies Gottes Achtung vor Menschen und ihrer Individualität. Es steht etwa so beziehungslos in der Lebenslandschaft wie der *Pont du Gard* als Denkmal der Vergangenheit in der Provence.

5.2 Das *Un*eindeutig-Verwickelte menschlicher Lebensgänge

Zunächst: weder die Dinge und unter-menschlichen Wesen noch die Menschen selbst sind je für sich allein da, sondern teilen ihren Daseins- und Lebensraum mit zahlreichen anderen Wesen und, auf humanem Niveau, mit anderen Freiheiten. Das heißt, es gibt immer Veränderungen und Störungen durch Naturereignisse und Intervention anderer Dinge, Wesen und Freiheiten.
Für zahlreiche Lebewesen wie auch für Menschen ist Zugehörigkeit zu einer *Gruppe* oder Gemeinschaft eine Überlebensfrage. Die Gruppe bestimmt weitgehend das Verhalten der Individuen *mit*.
Idealerweise - abstrakt gedacht - sollten die Gesetze des Schöpfers auch Verhalten und Ethos einer Gruppe bestimmen. Es mag sich annähernd (evolutionäre Faktoren eingerechnet) so verhalten für viele nicht-menschliche Gruppen, nicht aber für die Gruppen freier Wesen, die sich unter dem Soll-Anspruch befinden. Die ethische Einheit und Ordnung freier Geschöpfe ist durch alternative Akte von Teilen ihrer Mitglieder verändert, ′pluralisiert`.
Hinzu kommt: die Gruppe agiert nicht auf neutralem Terrain, sondern muss sich unausgesetzt gegen Widrigkeiten von Natur, Umständen, Interventionen anderer Gruppen behaupten. Konkret hängt die Erfüllbarkeit von Normen - z.B. Schutz von Eigentum, Wahrung der Gerechtigkeit, Bereitschaft zu Versöhnung, Friede - von konkreten (Über-)Lebensbedingungen der Gruppe und der einzelnen Individuen ab. Sittliche Normen existieren also nie im vitalen Vakuum, sie sind in der Regel einer komplexen, geschichtlich gewordenen Realität zugeordnet und konfrontiert.

Das bedeutet: sie sind oft nicht ´chemisch rein` praktizierbar. Regelzustand bei den - in Gruppen lebenden - Individuen ist eher eine Diskrepanz zwischen Sollen und Sein, da auf die Mitglieder Normen unterschiedlicher Herkunft einwirken.
Zum Beispiel bringen in der Tierwelt Eltern von wandernden Gruppen oft jene Kinder um oder lassen die im Stich, die überzählig sind, schwach oder krank. Ähnliches kann mit altersschwachen Individuen geschehen.
Solche Verfahrensweisen (als Rand- und Ausnahmefälle) sind häufig durch konkrete Umstände und Zwänge (etwa Nahrungsknappheit, Flucht vor Angreifern) gegen normales Verhalten (Aufzucht, Ernährung, Hilfe, Schutz) erzwungen, also unvermeidlich - unabhängig davon, ob Theologen sie aus der Ursprungssünde oder aus der Schöpfungsordnung herleiten.
Das ist unter Menschen nur wenig anders. Kindstötungen und Aussetzen von Kindern etwa war seit jeher eine Notmaßnahme, ergriffen aus schierer Armut vom Überlebenswillen der Älteren.
Das Nicht-sein-Sollende kann hier nicht einfach vom Versagen Einzelner abgeleitet werden.
Eine Ehe, ursprünglich auf Lebenszeit angelegt, hängt, zumal wenn Kinder vorhanden sind, oft entscheidend ab von den materiellen Bedingungen. Anhaltender Verlust von Einkommen; Berufs-, gar Erwerbsunfähigkeit durch Erkrankung oder Unfall; massive Einbußen im Lebensstandard; Zusammenbruch der bisherigen Lebensplanung können über Kraft und Konstitution Betroffener gehen, das Miteinander aushöhlen, eine Ehe und Familie gegen den Willen der Beteiligten sprengen. Verschärfte, fortgesetzte Belastungen (Katastrophen, Kriegsfolgen) können in Verzweiflung ("rette sich, wer kann!") münden, wenn Abhilfe und Beistand ausbleiben oder nicht in Sicht sind, können den bisher festen Ehe-Willen

brechen, die ursprüngliche Liebe in Widerwillen, ja Hass verwandeln. Auch Gottes Erhörung von Gebeten kann in der Regel die Eigengesetzlichkeit der Welt - bei großflächigen Missständen - und den Zeitfaktor nicht ignorieren.

Der freie Wille von Ehe-Partnern ist dann eingeschränkt durch alternative Antriebe, emotionale Blockaden, zunehmende Not und Sorgen. Betroffenen geht es dann nur noch darum, irgendwie zu überleben - aber eben nicht in einer Nische, sondern in der konkreten Gruppe und Konstellation, der man angehört, auf die man angewiesen bleibt.

Sittliche Normen und der Schöpferwille gelten nie abstrakt, sind gebrochen und spezifiziert auch durch die konkreten Bedingungen, unter denen jene Menschen leben müssen, an die sie sich richten.

Menschen, die den Schöpferwillen, Glück und Sinn von Ehe und Familie bejahen, empfinden dann den Bruch, leiden unter Ohnmacht, ihrem Unvermögen, fühlen sich schuldig, weil nicht in Einheit mit dem gesollten Sinn von Ehe und Familie. Sie wollten die Entwicklung nicht, das Auseinanderbrechen, fühlen sich aber ohnmächtig, den Gang der Dinge aufzuhalten oder anders zu steuern.

Ihnen mag es häufig ergehen wie *Paulus*, der klagt, dass er nicht tue, was er eigentlich will, das Gute, sondern tue, was er nicht will, Böses. Und er entdeckt, dass er im Innersten Gottes Gesetz ja zustimmt und zugestimmt hat, aber in der Welt der Fakten, der Wechsel, wo "alles fließt", wo vielleicht "alles ins Rutschen kommt", worin er, leibhaftig eingebunden, mitgerissen wird, einem anderen Gesetz folgt (Röm 7,15.19-25).

Doch die Rettung, sagt er, die Gott in verfahrenen Situationen gibt, sei Christus (Röm 8,31-39).

Aber Christus hat doch (widersprechen andere) die Hartherzigkeit derer scharf getadelt, die ihrer Frau einen Scheide-Brief ausstellten, da sie an ihr "etwas Anstößiges" fanden (Dtn 24,1-4). Mose habe das nur ihrer Hartherzigkeit wegen gestattet, Scheidung gehorche nicht dem Schöpfer-Willen. An der von Gott gestifteten Bindung sei unbedingt festzuhalten. Die Jünger sind bestürzt. Doch Jesus legt nach und bekräftigt die Rede (Mk 10,2-12). Allerdings fügt er an, den so erklärten Willen Gottes könne nur fassen, "wem es gegeben ist" (von oben: Mt 19,11). *Paulus* zitiert das Jesus-Wort indirekt für seine Gemeinde in Korinth (1Kor 7,10f).
Mit Berufung auf *Augustinus* fügt man meist hinzu, der Christ, d.h. der "Gerechtfertigte" könne und müsse Gott bitten, Er möge das, was unmöglich zu leisten erscheine, zu vollbringen gewähren.[47]
Doch erkannten schon die frühen Christen: Gottes Schöpferwille hinsichtlich Ehe ist nicht *absolut* zu halten und durchzuführen. *Matthäus* fügt in das Scheide-Verbot die Klausel ein "außer bei Hurerei (πορνεία)" (19,9). *Paulus* sieht Scheidung statthaft dann, wenn der gläubige Partner nur durch Trennung seinem Glauben treu bleiben, ihm gemäß leben könne (1Kor 7,12-16).
Die frühe Kirche schränkte also selbst schon die Mt 19,6 überlieferte Weisung Jesu durch zwei Ausnahmen ein, überzeugt, damit *nicht* gegen die Intention des Schöpfers der Ehe zu verstoßen.
Schon der Wortgebrauch des Mt-Evangeliums deutet Interpretationsraum an. Bei Mt gebraucht Jesus drei Mal den griechischen Ausdruck "*chōrein* (χωρεῖν)", feierlich am Ende seiner Ausführung (v 12). Das griechische Wort hat die Grundbedeutung von "weichen, Raum geben".

---

[47] Konzil von Trient, sess. VI Cap. 11; can. 18 bedroht mit Ausschluss jene, die behaupten, Gottes Gebote zu erfüllen sei auch mittels Gottes Gnade unmöglich.

Die strenge Schöpferabsicht zur Ehe erschreckt die Jünger, macht sie mutlos. Bezieht man Jesu Antwort konsequent auf die Pharisäer-Frage, sind die Ehe-Unfähigen von Geburt bzw. durch eigenes Zutun grundsätzlich zu verstehen. Jesus bestätigt, nicht alle könnten dem Schöpferwillen Raum geben, daher am Ende der Appell: wer - dem ursprünglichen Schöpferwillen - Raum geben kann, möge es tun!
Das kann sinnvoll nur meinen: jemand, der die Forderung hört, möge in sich hinein horchend spüren, ob sie in ihm Raum hat und haben kann, es ihm *gegeben ist* (v 11).
Das kirchliche Lehramt scheint, den umgekehrten Weg einschlagend, zu fordern: Christen, die das Ehesakrament empfangen wollen, müssen den Schöpfer-Willen ´können`; sollten sie spüren, er sei ihnen nicht schon vor Eheschluss "gegeben", müssten sie Gott bitten, dass er sie dazu befähige.
Es sieht aus, als fordere die offizielle Theologie von ehewilligen Christen mehr als Jesus selbst.
Es mag Begeisterung für das ursprüngliche Ehe-Ideal sein, die die kirchenamtliche Haltung forciert, sie in eine voluntaristische Forderung verwandelt.
Es ist ein Unterschied, ob Jesus einer Handvoll Jünger, die - ihre Männerwelt ´im Blut`- ihrer selbst unsicher sind, den Schöpferwillen behutsam vor Augen stellt - "nicht alle können (Gottes Ehe-) Willen (*lógos*) Raum geben" - oder ob dieselbe Ehe-Botschaft Generationen und Millionen Paaren vorgetragen und ihre Erfüllung ´ohne Wenn und Aber` erwartet wird. Setzt man darauf, jene, die sich damit schwer tun, könnten und müssten Gottes Hilfe erbitten, erscheint Gott als ´Erfüllungsgehilfe` einer forcierten kirchlichen Norm und Erwartung.

Der normale Mensch von heute reagiert darauf ähnlich freimütig wie die Jünger: "Wenn es so ist, ist es nicht bekömmlich zu heiraten".[48]
Unbestritten ist die Ehe auf Einheit und Treue angelegt, "bis der Tod" die Partner "scheidet".
So empfindet erfahrungsgemäß auch die große Mehrheit der Menschen, und nicht selten bekunden selbst ´Fernstehende`, mehrere Eheschließungen und Scheidungen hinter sich, es möge mit der neuesten (oder letzten) Ehe, die sie eingingen, nunmehr für den Rest ihrer Tage so sein.
Ziel oder Sinn der vom Schöpfer gestifteten Ehe ist also deutlich.
Was zur Frage steht, ist die konkrete Auslegung und praktische Behandlung des Schöpfer-Willens. Nicht zuletzt stellt sich die Frage, wie weit man generell im Falle von Trennung von persönlicher Schuld im Sinne von Sünde sprechen kann - obwohl Schuld, wie Erfahrung lehrt, in vielen Fällen im Spiel, oft auch Ursache des Scheiterns einer ehelichen Beziehung ist.[49] In zahlreichen Fällen gibt es auch ein physisches (z.B. bei Gewalttätigkeit) oder psychisches (z.B. bei Hass, bei Verlust bürgerlicher Rechte) Nicht-mehr-beieinander-bleiben-Können, wozu nicht selten die Aufkündigung des Treue-Versprechens durch eine Seite kommt. Hier ungerührt von einer dennoch vor Gott und Kirche fortbestehenden Ehe zu

---

48 Wörtlich: "Wenn so die Stellung des Mannes zur Frau ist ..." Ihnen erschien damals die Zumutung für den Mann unerträglich. Die gesellschaftlich-rechtliche Aufwertung der Frau macht die Forderung für beide, Mann und Frau, schwer ´verdaulich`.

49 Kirchliche Ehelehre sieht als Haupt-Gegner seit jeher den Laxismus. Ihm sagen neuerdings auch traditionalistisch orientierte politische Parteien den Kampf an, wenn sie das Schuld-Prinzip gegen das Zerrüttungs-Prinzip wieder aufwerten und das Alleinerziehungsmodell abwerten wollen.

sprechen, wirkt auf Betroffene und Zeugen leicht wie Formalismus.
Weil die konsequente Verwirklichung des Gotteswillens in der konkret-veränderlichen Welt schwer erreicht wird, preist der Apostel die Rettung durch Gottes Barmherzigkeit, in Jesus Christus erschienen, die sich dem gläubigen Vertrauen des oder der Gescheiterten öffnet.
Die Wende zur Barmherzigkeit empfängt ihr Recht aus den Problemen und dem verbreiteten Nachweis des Unvermögens so vieler Menschen, dem Schöpfer-Sinn der Ehe über guten Willen hinaus dauerhaft und beständig nachzukommen.
Das schmerzliche Bild zeigt sich allenthalben: Der Mensch bleibt dem Schöpfer die Schöpfung, einschließlich seiner selbst, trotz gutwilligen Mühens schuldig in fortgesetzter Bringschuld. Seine Rettung kommt aus erbarmendem Entgegenkommen Gottes selbst.
Diese Lösung wird noch einsichtiger mit der Erinnerung: Gott benötigt kein Gesetz, Gesetze sind Gehhilfen für endliche Wesen wie die Menschen, grobe Orientierungshilfen in einer hochkomplexen und komplizierten Welt, die reicher, vielfältiger ist an Möglichkeiten und Realitäten, als jede Norm erfassen kann. Thema ist also nicht nur der Bedarf an Epikie, sondern auch die nüchtern zu registrierende Situation verbreiteter *Schuld* vor Gott, allerdings gebrochen durch vielerlei, den Einzelnen oft überfordernde Umstände (mitbedingt vom persönlichen und sozialen Umfeld), die sich der Fassungskraft allgemeiner, individuelle Fälle übersehender Gesetze entziehen.
Auf diese allgemeine Situation verweist *Paulus* in den ersten beiden Kapiteln des Römerbriefs.
Gottes in Christus erschienene Barmherzigkeit enthält auch die Vergebbarkeit dieser Schuldenlast.

6. Individualität und Person

6.1 Das Allgemeine und das *un*wesentliche Individuelle

Dass man sich im Abendland schwer tut, hier umzudenken, liegt an der überlieferten Weltanschauung und Anthropologie. Leitend für sie wurden antike Philosophie und Gesellschaftsformen, die, über die Römer an die jungen Völker vermittelt, eine späte Blüte im Hochmittelalter und nochmals in der Neuzeit erreichten.

Platon sorgt sich um das Gemeinwohl: dieses stehe höher als Privatinteresse. Diese Vorordnung einzusehen und danach zu handeln sei Menschen nicht von Natur mitgegeben, sodass es Ordnung und Gesetze brauche, ohne die sich die Menschen nicht von wildesten Tieren unterschieden.[50]

Diese sorgsam den Vorrang des Allgemeinen pflegende Weltanschauung bestimmt - über Zwischenstufen - auch die Philosophie von *Hegel,* von *Marx,* sie prägt heute auf eigene Art die Theorie der meisten Naturwissenschaften: ausgehend vom *Besonderen*, d.h. von *einzelnen* Beobachtungen oder Fakten sucht man auf ein *Gesetz* zu kommen; ist es gefunden, verliert das je *Einzelne* (beobachtet oder gemessen), von dem man ausgegangen war, an Interesse und Bedeutung.

Doch handelt es sich hier bei einzelnen Fakten nicht um Menschen.

Der Vorrang *des Allgemeinen vor dem Besonderen* bildet auch die *Grundlage* traditioneller *Ethik*.

Seit alters gelten "Pietät und Gehorsam" als "Wurzeln des Menschseins".[51]

Im Bemühen, das göttliche Gesetz durch die Wandlungen

[50] Die Gesetze 874 e – 875 d

[51] *Kungfutse,* Gespräche / Lun Yü (Düsseldorf-Köln 1974), Buch I Nr.2

der Geschichte hindurch 'rein' zu halten, sieht auch die römisch-katholische Kirche den Vorrang des Allgemeinen vor dem Besonderen. Deshalb tat und tut man sich gewohnheitsmäßig schwer, dem einzelnen Menschen, seinem individuellen Schicksal gerecht zu werden, obschon Jesu beispielhafter Umgang mit den Menschen es empfiehlt - ja, die einmalig-einzigartige Person *Jesus selbst* es nahelegt, das Individuum neu zu bewerten. Doch weil allgemeines Empfinden in Jesus einseitig Gott sah, nahm traditionelle Bildung die individuell-*einmalige Person* Mensch nur allmählich und mühsam in ihrem Eigenwert wahr.

Einmalig ist, was unersetzlich, was weder Wiederholung einer früheren Existenz ist noch sich in einer anderen Existenz wiederholt. Wird ein Mensch vorwiegend funktional aus allgemeiner Perspektive betrachtet, gelten Devisen wie "passe dich an!", "sei nicht eigensinnig!", "andere können/ tun das auch"; "jede(r) ist ersetzbar".

Vielen ist nicht bewusst, dass dies eine arg verkürzte, ja *un*menschliche Betrachtung ist.

Das liegt auch an der langen Erfolglosigkeit und Ungeübtheit der Bemühungen, Individuum und Individuelles gedanklich zu erfassen. Je weniger dies gelingt, desto stärker wächst die Neigung, ihm nur geringes oder kein Gewicht zuzubilligen.

Das fällt auf schon in der altgriechischen Parabel von *Herakles am Scheideweg.*[52]

Der jugendliche Held sieht sich vor die Wahl gestellt, wie er seinen Lebensweg gestalten soll. Zur Wahl stehen der bequeme Weg des Lasters und der mühsame Weg der

---

[52] Eine nachklassische Parabel, komponiert aus Motiven von *Hesiod* und *Sophokles*, will (*Sokrates* popularisierend) nur noch Moral sein, kein Modell für persönliche Freiheit und Verantwortung, die damals schon wieder als *un*wesentlich empfunden wurden: *B. Snell*, Die Entdeckung des Geistes (Hamburg 1955), 320-332

Tugend. Wie selbstverständlich wählt der *exemplarische* Held den Weg der Tugend.
Für griechisch-antikes Denken heißt das: er wählt, und zwar ohne Zögern, das Höherwertige, Bessere als das Selbstverständliche.
Hier könnte auffallen: die zwei Wege, die *Herakles* einschlagen kann, sind *vor ihm* da. Die zwei Frauen, die Laster und Tugend personifizieren, bringen ihm das zu Bewusstsein durch ausführliche Reden, die ihm klarmachen, was ihn auf dem einen oder anderen Weg erwartet.
Herakles entwirft seinen Lebensweg also nicht selbst - diese Wahl hat er gar nicht -, sondern übernimmt wählend einen der zwei in der *allgemeinen* Richtung schon vorliegenden Wege: *Herakles* wählt den asketischen Weg der Arbeit und Mühe. Ungesagt und indirekt entspricht seine Wahl der Erwartung des Erzählers und des Publikums. Wie die nachfolgenden Begebenheiten und Begegnungen erweisen, liegt das Besondere, *Individuelle* der von *Herakles* getätigten Wahl im *quantitativen* Bereich: im Ausmaß seines Gehorsams, seines Mutes, seiner Kraft, seiner Leistung vor Gott und König. Diesen Weg schützen die Götter, und am Ziel, nach Bestehen aller Prüfungen unterwegs, wird der Held unter die Götter versetzt. Die Botschaft lautet: Mensch, geh den *allgemeinen* guten Weg!
Heldentum besteht hier nicht in schöpferischer Qualität, sondern in der Quantität von (zehn bzw. zwölf) Leistungen auf diesem Weg: *Herakles* ist ein Held des Quantitativen, ein Held nach Maß!
Davon abgesehen hat *Herakles* keine individuellen Züge. Als Held des Quantitativen (seiner 12 "Arbeiten") ist er ein besonders fleißiges - insofern gelungenes - *Exemplar,* Vor-Bild von Mensch.

So gesehen, ist *Herakles* individuell, als Individuum nur ein "dieses da" (τόδε τι, *Aristoteles*): ein Wesen, das diese zufällige Raum-Zeit-Stelle hat und sich mit quantitativer Leistung in Szene setzt.
Die christliche Philosophie des Mittelalters übernahm diese Sicht, da sie tendenziell dem biblischen Menschenbild zu entsprechen schien.
Die zehnfache Weisung, Kern der Bundessatzung, spricht im bekannten "du sollst" nicht den Einzelnen an, sondern Israel, das Bundesvolk, wird darum eingeleitet mit *Šᵉmaᶜ Jisrael,* "Höre, Israel!" (Dtn 5,1; 6,4) und der Erinnerung, dass "JHWH, dein Gott, *dich* aus Ägypten geführt hat" (Ex 20,2; Dtn 5,6). Die Bibel spricht zunächst *generisch*: *Israel* soll keine anderen Götter haben, den Sabbat heiligen, Vater und Mutter ehren ... Israel, Adam, Mann, Frau usw. sind Kollektiv-Begriffe.[53]
Die primären Bezeichnungen sind also auch in der Bibel Art- oder Allgemein-Begriffe.[54] Auch der Mensch wird zunächst als das gesehen, was an ihm *typisch* ist: z.B. ist er "Fleisch", d.h. schwach, hinfällig. In Psalmen, zumal Klage-Psalmen gewinnt der einzelne Israelit (v.a. der König) ein schärferes Profil, und doch sind es typische Nöte, sodass die Allgemeinheit, die Gemeinde sich darin wiederfinden und so der Psalter im Ganzen zum Gesangbuch der nachexilischen Gemeinde werden konnte.[55] Das Schicksal des Einzelnen, auch jenes, der am Rand oder

---

53 Spricht man von Einzelnen, setzt man *ben* oder *bat* davor (*ben adam* = ein Mensch, *bat Jisrael* = eine Israelitin), bildet den Plural (z.B. *näfäš* - *nᵉfašót*) oder leitet ein mit "*kól* = jede/r/s".

54 *Th. Boman*, Das hebräische Denken im Vergleich mit dem griechischen (dt. Göttingen ⁵1968), 56f; *H.W. Wolff,* Anthropologie des AT (München ⁵1990), 40ff

55 Vgl. *A. Deissler*, Die Psalmen (Düsseldorf ²1979), Einführung

neben der Gesellschaft Israels existiert, ja vegetiert, kommt vordringlich durch *Jesus* in den Blick.
Doch vermochten Jesu Initiativen zugunsten *ab*normer Individuen das gewohnte, vorherrschende Denken in Kategorien des Allgemeinen nicht entscheidend zu erschüttern, wie der Widerstand der Frommen und der religiösen Autoritäten bewies. Schwerpunkt von Jesu Sendung blieb ja Israel, freilich ein erneuertes Israel. Der Vorrang Israels, der Vorrang der Gemeinde, der Kirche, der Vorrang somit der Lebensgesetze des 'Kollektivs` und seiner Führung erschienen weiterhin selbstverständlich. Logisch-systematisches Denken sah das Individuum im Rang einer *quantité négligeable.*
Für das christliche Mittelalter ist der einzelne Mensch, wie schon *Herakles*, zusammengesetzt aus dem Mensch-Wesen (*essentia*) und dem stofflichen Rest ("vorbezeichneter Stoff": *materia signata*) von messbarer Quantität und dimensionierter Raum-Zeit-Stelle. Der *Einzel*mensch ist, wie betont wird, *nicht* definierbar, da die Individualität des Menschen, wie bei *Herakles*, nicht im "Wesen" (Mensch) enthalten sei, sondern nur an dieser stofflich "vor-bezeichneten" Raum-Zeit-Stelle hängt; sie mache seine Individualität aus, unterscheidet ihn vom Mensch-sein allgemein und überhaupt.[56]
Das Unbefriedigende dieser Auffassung der Individualität des Menschen liegt, wie man heute deutlich empfindet, darin, dass der einzelne Mensch nur eines von vielen Exemplaren (Beispielen) des Mensch-Wesens ist, ohne *wesentliche* Bedeutung und mit *unwesentlichem* Schicksal.

---

[56] *Thomas von Aquin*, De ente et essentia II-III; s.a. *Aristoteles*, Metaphysik VII 1036a - 1037b. *Thomas* reservierte den vollen Person-Begriff (gemäß *Boethius*) für die Personen der göttlichen Trinität.

Unklar bleibt, ob die Geist-Seele als "Form" des Körpers zur Individuation des Menschen beiträgt.
Die der griechischen Antike entnommene Sicht erlaubte, vergleichbar der *Herakles*-Parabel, den Entwurf des "christlichen Menschenbildes" der Zwei Wege: "Weg des Lebens", "Weg des Todes",[57] wobei man den "Weg des Lebens" mit den Kardinal-Tugenden (Klugheit, Gerechtigkeit, Tapferkeit, Disziplin) und den drei "übernatürlichen Tugenden" (Glaube, Hoffnung, Liebe) pflasterte.[58]
Auch auf diesem Weg sind Helden vorangegangen, von der Kirche als "Heilige" gewürdigt, die sich im Urteil der Verantwortlichen auszeichneten durch einen "besonders heroischen *Grad*" (also quantitativ) in Erwerb und Betätigung christlicher Tugenden.[59]
Selbstverständlich braucht jede Zeit, jede Gesellschaft, auch die Kirche eine Reihe von *Vor*bildern, um die Strebsamkeit lebender und nachkommender Menschen anzuregen.
Insoweit sind Vor-Bilder des *allgemeinen* - auch christlichen - Menschentums unverzichtbar.
Auch *Paulus* fordert seine Christen auf, es ihm nachzutun (2Thess 3,7.9; 1Kor 4,16; 11,1).

6.*2* Einzelne als Außenseiter

Allerdings brachte die Geschichte der Heiligen nicht nur Vorbilder im Allgemeinen hervor, sondern – erfreulicherweise - auch unverwechselbare, kreative Individuen.
Doch fällt auf: Jesus kommt in seinen Gleichnissen und Lehrstücken nur sparsam - etwa in Auseinandersetzung mit Gegnern - auf "Väter" als Glaubensvorbilder zu

---

57 *Didache* I,1. Das Wege-Schema geht zurück auf Dtn 11,26-32ff.

58 *J. Pieper,* Über das christliche Menschenbild (München [6]1955)

59 Vgl. Katechismus der Kath. Kirche Nr.828

sprechen (z.B. auf *Abraham*; den Täufer), sieht jedoch die um vorbildliche *Gesetzes*treue besorgten Pharisäer, bewundert vom Volk, kritisch, lässt sie nur begrenzt gelten. Die Menschen, die ihm offensichtlich am meisten am Herzen liegen, sind jene, die sich schwer tun, solche, die nicht als Vorbilder, sondern zu meidende Sünder und Ausgegrenzte vorkommen. Sie erhalten erhöhte, ja für Rechtschaffene skandalöse Beachtung.

Diese Art Kühnheit und barmherzige Freiheit wagte die Spät-Antike ebenso wenig anzunehmen wie das Mittelalter. Im römischen Recht war der Begriff "Person" dem freien und vermögenden Bürger vorbehalten und besagte soviel wie *Träger von Rechten*. Daher wurde einem Sklaven die Qualität einer *persona* abgesprochen.

In der Anlage lebte dieses Verständnis im Mittelalter fort. Der Christ war frei, weil geschaffen als Abbild Gottes und so auch Rechtssubjekt in seiner Gesellschaft. Doch war er den Gliederungen dieser Gesellschaft eindeutig zugeordnet: als Standespersönlichkeit. Er war Jemand, indem er seiner Gruppe zugehörte, deren Lebensstandard, Ideale, Werte, Denk- und Verhaltensmuster teilte. Seine Primär-Gruppe war die Kirche, die Taufe das Rechtssiegel.

Vor Gott aber war er vorab Knecht bzw. Sklave (Mt 10,24f), dem - unter Bedingungen - die Freilassung (Erlösung) zugesprochen ist, die er sich aber erst verdienen oder für deren Erlangung er sich bewähren musste. Als Diener Gottes war er zur Demut verpflichtet, was Verzicht auf individuelle Wünsche, auf Selbstverwirklichung und dergleichen einschloss. Demut und Treue zu seinem Herrn schloss Individualismus aus. Als vollkommen galt, wer unter Verzicht auf sich selbst die christlichen Tugenden verkörperte und dem Verhaltenskanon entsprach, den Kirche und Gesellschaft ihren Mitgliedern vorgaben.

Da die Vollendung einer Persönlichkeit erst im Himmel erwartet wurde, galt Verzicht auf das Eigene als Glaube, galt Unterdrückung eigener Wünsche und Ziele durch eigenes oder auch fremdes Zutun *sub specie aeterni* als legitim, ja wünschenswert.
Individualität in religiösen Dingen lief nach häufiger Erfahrung auf Ketzerei hinaus, wie sich unvermeidlich auch als Begleiterscheinung der verschiedenen Anläufe zu einer "Reformation" der Kirche zeigte. Die individuelle *Persönlichkeit* konnte sich nur hinter der öffentlichen (Theater-) Maske (*Jungs* "Persona") verbergen, was "Person" ja anfangs war.
Wie im archaischen Zeitalter versinnbildlichten hervorragende Persönlichkeiten religiös-sittliche und Standes-Werte, die sie aber nicht selbst hervorbrachten, sondern die - unter Zulassung des Willens - als Ausfluss der in ihnen wirkenden guten oder bösen Kräfte galten: der natürliche Mensch erschien als Kampfplatz heiliger und teuflischer Kräfte und hatte gegen sich selbst zu kämpfen, um der ihm verliehenen Gnade zum Sieg zu verhelfen.[60]
Das Gerichtsgleichnis Mt 25 stand im Hintergrund der Lehre der zwei Wege, sichtbar auf Tympani mittelalterlicher Kathedralen (z.B. *Autun*): der Weltherrscher lässt Tugenden und Laster wiegen, das Ergebnis entscheidet, ob die Wege der Gewogenen im Himmel oder in der Hölle enden.
Sehr anschaulich wird hier der einzelnen Christ auf das Allgemeine (Kirche, Gesellschaft, Stand, Tugenden, Denkmuster der Gruppe) verpflichtet; eigener Wille war suspekt und gefährlich für das Kollektiv, dem er angehörte, wie für ihn selbst.
Die Übernahme des *un*wesentlichen Begriffs des Individuellen von *Aristoteles* durch *Thomas von Aquin*

[60] Ausführlich dazu *A,J, Gurjewitsch*, Das Weltbild des mittelalterlichen Menschen (dt. München 1997), bes. 327-351

lag also auf der geschichtlich-gesellschaftlichen Schiene. Kaiser und Könige, Gelehrte und Dichter, dazu Außenseiter - darunter spätere Heilige - verkörperten wenigstens annähernd den modernen Begriff von individueller Persönlichkeit. Kritisch eingestellte, individuelle Bedürfnisse im Volk artikulierten sich auch in neuen Formen der Frömmigkeit (z.B. *Devotio moderna*).
In diesem Zusammenhang ist *Karl Poppers* Kritik an der hergebrachten, die Träger der Macht bevorzugenden Geschichtsschreibung beachtlich: Es gebe keine Geschichte der Menschheit, nur eine "unbegrenzte Anzahl" von Geschichten "des unbekannten, individuellen Menschen: seine Trauer, seine Freude, seine Leiden und sein Tod". Kein Mensch sei "wichtiger als irgendein anderer". Vor Gott bedeutsam sei, was einige unbekannte "Fischer der Welt gegeben haben".[61]

6.3 Die Entdeckung des Individuums

Nun ist die Botschaft der Kathedralen für die abendländische Tradition so gewohnt, prägt auf weite Strecken bis heute den christlichen Unterricht, erscheint auch christlichen Betrachtern realistisch, dass es abwegig erscheint, davon Abstriche zu machen.
Diese Tradition sagt mit *Augustinus*, in den normalen irdischen Verhältnissen (*civitas terrena*) regiere die "Liebe zu sich selbst" (*amor sui*), die sich steigern könne bis zur Verachtung Gottes; wo aber Gott ernst genommen wird, zeige sich eine "Liebe zu Gott" (*amor Dei*), die beim Liebenden bis zur "Verachtung seiner selbst" (*contemptus sui*) gehen könne.[62]
Mit *Paulus* heben die Reformatoren hervor, dass alle Menschen Sünder sind und unter Gottes Zorn stehen

---

61 *K.R.Popper*, Die offene Gesellschaft und ihre Feinde 2 (München ^{5}1977), bes. 336ff (mit Berufung auf *K.Barth*)

62 De civitate Dei XIV 28

(Röm 1,18). Die Erbsünde sei eine dem normalen Verstand unzugängliche Verderbnis und Schwäche.[63] Faktisch habe der Mensch, trotz Belehrung durch sein Gewissen, nicht die Gewohnheit, zu suchen, was Gottes Wille ist, sondern den eigenen Gefallen und Nutzen.[64] Zwar offenbare das Gewissen dem Menschen das Gesetz, das entsprechende Werke fordert, und enthülle ihm seine Unentschuldbarkeit und Verlorenheit, während erst der Glaube, der sich Gottes erbarmender Selbstzusage in Christus öffnet, ihn gerecht mache.[65] Wird also nicht gerade reformatorische Theologie davor warnen, dem Menschen ein Recht auf sein Selbst, quasi auf sein Ego-Teil, zuzubilligen?

So könnte es scheinen, wäre da nicht gerade *Luthers* Wiederentdeckung der Froh-Botschaft nach *Paulus* (Röm 1,17), wonach der Sünder gerechtfertigt ist durch seinen *Glauben* an Jesus Christus und damit zu sich befreit - nicht ohne in diesem Glauben auch jedermann dienend zugetan zu sein.[66]

Wie erinnerlich, wurde *Luthers* Schicksal - die Freiheit des Christen, gesichert durch Hören auf das vom Evangelium belehrte Gewissen - zur geschichtlichen Entdeckung des legitimen gläubigen Subjekts.

Das Unzureichende der skizzierten Auffassung vom individuellen Menschen, die in ihm nur einen Fall des Allgemeinen sieht, wurde jedoch ansatzweise schon im

---

63 Schmalkaldische Artikel III *Von der Sünde / Von der falschen Buße der Papisten*

64 So *Luther* schon in der 28. These der Heidelberger Disputation. Zur Aktualität z.B. *M. Plathow*, M. Luthers „Heidelberger Disputation“ u. das Reformationsgedenken 2017, in: Luther-Jahrbuch 82 (2015), bes. 262ff

65 Von der Freiheit eines Christenmenschen Nr.6; vgl. Heidelberger Disputation, Thesen 20.22

66 Von der Freiheit eines Christenmenschen Nr.1 u. 6

Mittelalter empfunden.[67]

Johannes Duns Scotus setzte im Spätmittelalter einen zusätzlichen Akzent. Vom Gedanken an den Schöpfer der einzelnen Menschen bewogen, forderte er, jedem Menschen müsse ein eigener ontologischer Faktor zukommen, die "Diesheit", die ihn zum einmalig-unverwechselbaren Menschen macht. Ein neuer Begriff, rein *formal*, aber im besten Sinne des Wortes. Statt "Diesheit" in der Materie, im Quantitativen, zu suchen, sieht *Scotus* sie als letzte Aktualisierung der Form (*anima*).[68]

Im Ausgang des Mittelalters erst erkannte dann *Nikolaus von Kues*, dass das Einzelne, Besondere nicht, wie man früher annahm, beinahe nichts, inhaltslos ist, sondern gerade Vielfalt und individueller Reichtum der Welt die Einheit und Fülle der Wirklichkeit Gottes spiegeln.

Er sieht die Welt als "Erscheinung" (*apparitio*), ja "Entfaltung" oder "Entrollung" (*explicatio*) des unsichtbaren Gottes, denn "Gott ist alles, was sein kann", da er "*vor* dem Nicht-sein steht", so dass in ihm keine ´Andersheit` (*alteritas*) besteht.

Das geschaffene Universum aber besteht in jedem Geschöpf gleichsam kontrahiert, enthält jedes auf seine Weise gleichsam das All und ist - kontrahiert - das All in diesem Ding gegenwärtig. Daher ist jedes, jeder einzelne, das oder der existiert, unvergleichlich, einzigartig (*singularis*), kein Geschöpf gleicht dem anderen. Deshalb ist auch nichts, das existiert, vollkommen erkennbar.

Jede *Eigenständigkeit* (*hypostasis*) geschaffener Wesen, auch die des Menschen, hat teil an dem, der *in sich* Einheit ist; dadurch wird sie zu ihrer eigenen Einheit (*monas*) gefügt; aber die Vielheit der Monaden ist

---

[67] Überblick über die Problem-Entwicklung bei *H. Heimsoeth*, Die sechs großen Themen der abendländischen Metaphysik (Darmstadt [6] 1974), 172-203

[68] *E. Gilson,* Johannes Duns Scotus (dt. Düsselsorf 1959), 461-484

"eingefaltet in der allerersten Monade".
Den Kardinal befruchtet seine Sicht auch für die Predigt, etwa zum Epiphanie-Fest: "Jeder Mensch trägt in sich einen Stern, der vom Aufgang her ihn selbst bis zu Jesus, dem Wort Gottes, führt".[69]
Es gehört so auch zur Seinsweise (*conditio*) der Einheit Mensch, "dass sie *sich* zum Ziel der Ausfaltungen macht, da sie Unendlichkeit ist", "Gott und Welt umgreift, aber in seiner menschlichen Potenz" und Einzigartigkeit. Da Gott die "Einfaltung von allem, auch des Gegensätzlichen" (*complicatio omnium*) ist, kann nichts seiner Vorsehung entgehen: "ob wir etwas oder etwas Gegenteiliges oder nichts taten, alles war in seiner Vorsehung impliziert".[70]
Diese Sehweise ist offenbar Fortsetzung und Füllung der früheren Einsicht des *Aristoteles*, dank ihrer Erkenntniskraft sei die Seele (*psyché*) "gewissermaßen alle Dinge" (*tà ónta pánta*) des Kosmos (Über die Seele III 431b), eine Aussage, die *Thomas von Aquin* (in De veritate) sich wörtlich zu eigen machte. Hinzu kam das alte pythagoreisch-stoische Bild vom Menschen als Mikrokosmos.
Gottfried Wilhelm Leibniz greift diese Sicht auf, führt sie weiter und verschmilzt den Begriff der Substanz mit dem Ich, mit der Seele.

Thomas von Aquin hatte (mit *Avicenna*) gelehrt, bei den körperlosen Geistern (Engeln) falle die Individualität mit der Art (*species*) zusammen.[71] *Leibniz* korrigiert: Das gelte "für alle Substanzen", auch Menschen. "Jede Person

---

69 *Nikolaus von Kues*, Predigten im Jahreslauf (Münster 2001), 18

70 De docta ignorantia/Die wissende Unwissenheit I-II; De coniecturis/Mutmaßungen II; De principio/Über den Ursprung; Trialog de possest/Über das Seinkönnen;

71 "quot sunt ibi individua tot sunt ibi species": De ente et essentia V ; Summa contra gentiles c. 93

oder Substanz" sei "gleichsam eine Welt im ganzen und ein Spiegel Gottes", das Universum "werde gewissermaßen so viele Male vervielfältigt, wie es Substanzen gibt". Hatte man früher das Individuum bloß numerisch-quantitativ bestimmt und als undefinierbar (weil un*wesen*tlich) bezeichnet, sieht *Leibniz* es zwar auch als nicht definierbar, doch aus einem ganz anderen Grund: "Raum und Zeit bestimmen nicht die Dinge, die sie enthalten; vielmehr werden sie [Raum und Zeit] selbst bestimmt durch die Dinge, die sie enthalten". Das Prinzip der Individuation ist nicht quantitativ, sondern qualitativ, "weil die Individualität den Unendlichen in sich birgt; nur er ist fähig, es zu begreifen ... Das kommt vom Einfluss ... aller Dinge des Universums auf einander."[72]

In jeder Person seien ihre kommenden Taten und Leiden bereits vorenthalten, sodass sie in der Geschichte ihrer Akte und Widerfahrnisse wahrhaft immer mehr zu sich komme.[73]

Die "Monade" steht für das Individuum. Die Differenz aller Seienden müsse in deren dynamischer Individualität gründen, die sich nach ihrem inneren Gesetz selbständig entwickle (*Entelechie*). In der Entelechie, d.h. in der ursprünglichen Kraft und Aktivität jeder Monade spiegle sich Gottes Erkenntnis und Wille. So sei erst das oder der Einzelne ein *voller* Begriff des jeweiligen Wesens, so auch des Menschen, indes die Allgemeinbegriffe unvollständig und abstrakt seien, das heißt, ein Minus an Wirklichkeit hätten. Zum Vollbegriff des einzelnen Menschen

---

72 Nouveaux essais sur l`entendement humain liv. III, chap. III: Opera Philosophica (Aalen 1959). (Übersetzung des Zitats K.F.). *Leibniz* stellte als erster das Universum als "Wirkzusammenhang" dar: *Meurers* a.a.O., 31

73 Discours de métaphysique / Metaphysische Abhandlung (von 1686) Nr.8-17; Neues System der Natur und der Verbindung der Substanzen ... in: Fünf Schriften zur Logik und Metaphysik (dt. Stuttgart 1966)

aber gehöre die ganze Lebensgeschichte - eine dynamische und geschichtliche Sehweise.[74]

In *Leibniz`* Denken ist die final ausgerichtete Monade, auch die Mensch-Monade unanschaulich wie ein Massenpunkt in der Physik, abstrakt wie der Differentialquotient der Infinitesimal-Mathematik. Die unanschauliche Monade verhält sich zur wahrnehmbaren und wahrgenommenen Welt ähnlich wie der Argument-Bereich zum Bild- oder Anschauungs-Bereich der Mathematik: die erlebbare, raumzeitlich ´gequantelte` Realität verhält sich zur Monade ähnlich ausschnitthaft und rein bildhaft wie die graphische Kurve zur Dynamik des Massenpunktes. Wir sehen und erleben also bruchstückhaft nur die Außenseite der Schöpfung Gottes, deren Rechtfertigung das philosophisch-theologische Bemühen von *Leibniz* gilt. Der göttliche Geist hat die Welt für alle Zeiten und im voraus - für uns aber nicht anschaulich - stabilisiert.
Eine ungewöhnliche Vision, die Diskussion fordert und verdient.[75]

Für unseren Zusammenhang wichtig: *Leibniz* sieht das menschliche Subjekt (die Person) nicht in vorwiegend passiver Rolle als komplexes Bündel von Prägungen und Einflüssen, sondern (den Entelechie-Gedanken aufnehmend) erkennt ihm eine elementare Dynamik der Selbstentfaltung und Selbst-Vollendung zu, greift auf Einsichten des *Cusaners* zurück und gibt eine gefüllte Variante der aristotelisch-thomanischen Einzelseele, die "gewissermaßen das All" ist.
Die moderne Sicht findet sich im Ansatz auch in der päpstlichen Umwelt-Enzyklika "Laudato si`". Sie spricht vom "Universum, das aus offenen Systemen gebildet ist, die miteinander in Kommunikation treten", in dem man

[74] Dazu: Monadologie, sowie z.B. Metaphysische Abhandlung Nr.27. 30. 31

[75] Erhellend wie kritisch zu *Leibniz* z.B. *R.Spaemann-R.Löw*, Die Frage Wozu? (München Zürich 1981), 114-121

"unzählige Formen von Beziehung und Beteiligung entdecken" könne. Eines dieser "offenen Systeme", aus den anderen jedoch "nicht gänzlich erklärbar", sei die " persönliche Identität, die fähig ist, mit den anderen und mit Gott selbst in Dialog zu treten".[76]
Für eine ähnliche Sehweise plädiert der jüdische Philosoph und Theologe *Leo Baeck* (1873-1956):
Alles, was wir in und von der Welt sehen, "bietet sich als die unendliche Fülle und Reihe der *Individualität* dar". Wir gewahren nur individuelle Pflanzen, Bäume, Menschen. Sie können "nicht definiert", "nur konstatiert werden". Jede Individualität kann ihren Ursprung nur in "einem Schöpfungsakt haben". Alles Individuelle ist gesetzmäßige, strukturierte Dynamik. Wie *Leibniz* erklärt *Baeck* "*individua sunt universalia, universalia sunt individua*". Zugleich sind die individuellen Existenzen aufeinander "bezogen". Als Individuen sind Menschen sich nicht bloß gegeben, sondern sich *auf*gegeben, *sollen* ihre Individualität auch gleichsam erschaffen, damit Individualität als Gabe und als Aufgabe nach Gottes Berufung eins würden. Der individuelle Mensch ist das geborene Genie, also ein Wunder und Geheimnis, zutiefst eine Offenbarung des Schöpfers.[77]
Was folgt aus diesem Neuansatz? Ein Mensch, so gesehen, hat vom Schöpfer *nicht nur* die Aufgabe und Bestimmung, den durch die Gebote erlaubten und begrenzten Weg einzuschlagen, den durch Verbotstafeln gekennzeichneten Weg zu meiden. Vielmehr soll er *sich* entfalten, soll die ihm vom Schöpfer verliehene Individualität, ihre Besonderheit und ihren Reichtum zur Ehre und zum Ruhm Gottes, wie auch zum eigenen Glück entwickeln und hervorbringen.

---

[76] *Papst Franziskus,* Laudato si` (dt. Stuttgart 2015), Nr. 79. 81

[77] *L. Baeck,* Individuum ineffabile: Eranos Jahrbuch Bd. XV (Zürich 1948), 385-436, hier 385-392.400.406f.412.426

Allerdings - sei hier vorsorglich bemerkt - wäre es ein Missverständnis, die Wege von Geboten und Verboten nur als Regulierungen, gar Hindernisse der Selbstgestaltung aufzufassen. Denn sie führen zu Mitmenschen hin oder, negativ, von ihnen weg. Sie positiv wie negativ in die eigene Selbstentfaltung einbeziehen verhilft dem individuellen Menschen erst zur Vollgestalt.
Das wird im Folgenden deutlicher.

6.4 Das Individuum als *Person*

Der Ansatz bei der qualitativen Individualität seit *Cusanus* und *Leibniz* wurde weitergeführt, zunächst gegen die totalitäre Philosophie des Deutschen Idealismus.
Hegels Geschichtsphilosophie etwa dreht sich um den "Endzweck" der Weltgeschichte, "dass die Vernunft die Welt beherrsche" und "die Weltgeschichte der Fortschritt im Bewusstsein der Freiheit" sei. Diesem "an und für sich Allgemeinen und Substantiellen" sei "alles andre untergeordnet". Daher müsse die fortschreitende Weltvernunft "manche unschuldige Blume zertreten". Menschliche Individuen, ihre Ziele und Hoffnungen stünden unter der "List der Vernunft" und würden im Fortgang der Geschichte "aufgeopfert und preisgegeben".[78]
Hegels Bestimmung des Geistes, der, vorab außer sich, zu sich kommend zum Absoluten strebt, regt *Sören Kierkegaard* an, den Menschen (in Anlehnung *und* Protest gegen *Hegel*) zu verstehen als "Existenz", d.h. als endlichen Geist - oder endliches "Selbst" -, der bzw. das sich zu sich selbst verhält. Genauer, den Menschen zu verstehen als Verhältnis, das - als Verhältnis von Zeitlichem und Ewigem, von Freiheit und Notwendigkeit - sich zu sich selbst verhält. Das meint nicht nur Gabe,

---

[78] *G.W.F. Hegel*, Vorlesungen über die Philosophie der Geschichte (Stuttgart 1989), Einleitung

sondern zugleich Aufgabe. Weil aber *ein Anderer* dieses Verhältnis - Mensch, menschlicher Geist - gesetzt hat, verhält sich das Selbst, indem es sich zu sich als Verhältnis verhält, zugleich zu jener Macht, die es gesetzt, geschaffen hat.

Darin besteht für *Kierkegaard* die einmalige Berufung, die durch das Christentum an die Menschen ergeht: "es zu wagen, ganz man selbst zu sein, ein einzelner Mensch, dieser bestimmte einzelne Mensch, alleine direkt Gott gegenüber, alleine in dieser ungeheuren Anstrengung und dieser ungeheuren Verantwortung".[79]

Karl Marx, der Hegel vom Kopf auf die Füße stellen will, bleibt, wo er auf den Menschen zu sprechen kommt, wie sein Lehrer beim Allgemeinen stehen: Das Wesen des Menschen sei die "die Vielen natürlich verbindende Allgemeinheit" oder das "ensemble der gesellschaftlichen Verhältnisse" (6. These über *Feuerbach*). *Marx* dringt nicht zum Person-Begriff vor.

Was der *Herakles*-Mythos mit der Zwei-Wege-Wahl nicht deutlich machen konnte, wird nun aktuell: der *seinen* Weg, seine individuelle Geschichte wählende Mensch steht wählend - unthematisch - vor einem absoluten Horizont. Der an das Absolute rührende Horizont ermöglicht ihm erst die Wahl zwischen konkreten Wegen und Gütern; er wird ihm aber auch im Risiko, im Riskanten, Unsicheren jeder Wahl indirekt bewusst - sogar fühlbar in der *Angst* vor der Wahl, verstärkt im verzweifelnden (Absolut-) Setzen einer der Komponenten seiner Konstitution, anstelle der Bejahung der Aufgabe, die seine Existenz als Ganzes stellt. Kontrast zur Verzweiflung ist

[79] Die Krankheit zum Tode, Vorwort.- Mag diese Sicht auch *Luthers* Auftritt in Worms spiegeln, betont der Existenz-Denker doch Wesentliches. Siehe auch *S. Kierkegaard*, Der Begriff Angst (1844); *H.U. von Balthasar*, Der Christ und die Angst (Einsiedeln [3]1954); *M. Buber*, Das Problem des Menschen (Heidelberg [4]1971), 88-93

das Lebensangebot Gottes in Christus, das den Geplagten Ruhe verschaffen will.[80]

Ein Verhältnis, eine Relation zu sich selbst und damit zu Gott zu sein, statt nur ein in sich stehendes Wesen, darin liegt der Begriff der *Person*.[81]

Darin liegt freilich auch der Auftrag: Person nicht nur sein zu können, sondern Person zu werden, *ich selbst* zu werden; denn noch "habe ich mich nicht". Der Instinkt verliert an Einfluss, es öffnet sich die Spaltung zwischen denkendem Selbst und dem gedachten, vorgestellten, erwünschten oder auch verwünschten Selbst. Es geht darum, *diese* Person in ihrer letzten Unerklärbarkeit, ja Fremdheit (Synthese von Geist und Körper, von Ewigem und Zeitlichem) sein zu wollen, also *sich anzunehmen*.[82]

Hier bricht wieder die alte Kluft auf zwischen *Sein* und *Sollen*; nur ist das Sollen jetzt nicht bloß allgemein, sondern ebenso *individuell*.

An diesem Punkt stellt sich die grundsätzliche Frage: Steht denn der einzelne Mensch nicht unentrinnbar vor dem Allgemeinen?

Auch *Baeck* betont, der individuelle Mensch in seiner Einzigartigkeit sei gerufen, durch freie Bejahung des Sittengesetzes, "durch das Sittliche frei zu sein" (a.a.O. 408f). Auch katholische Tradition erblickt die Vollendung der individuellen Freiheit in der Bejahung des Guten: je mehr jemand das sittlich Gute wählt, desto freier werde man. Wer seine Existenz auf Gott, den "Guten", ausrichte, werde vollkommen frei.[83]

---

80 *Kierkegaard*, Einübung im Christentum (1848).

81 *R. Guardini*, Der Ausgangspunkt der Denkbewegung Sören Kierkegaards, in: Unterscheidung des Christlichen (Mainz 1935), hier: 469ff

82 *R. Guardini,* Die Annahme seiner selbst (Würzburg [3]1962); *Baeck*, Individuum, 399f

83 Katechismus der Katholischen Kirche (von 1993), Nr. 1731-1733

Daraus schließen viele, die gottgewollte Individualität des Menschen erfülle (vollende) sich in seinem freien Ja - oder Nein - zu Gottes Gesetz (zum sittlich Allgemeinen). Das Sittengesetz fordere "vom Menschen nur, sein wesenhaftes, in seiner Natur vorgezeichnetes Selbst zu sein".[84] So werde er frei *von* irdischen Mächten und Gewalten, auch vom "Erbe" (*Baeck*).

Zwar ist dies die *condicio sine qua non* der individuellen Berufung zur Freiheit. Doch wenn jeder Mensch (als Monade) auch *seinen* Gott hat, d.h. zu Gott ein allgemeines *und* individuelles Verhältnis hat, hat er auch ein eigenes *existenzielles* Verhältnis zu Gott, wie Er zuvor zu ihm (s. Joh 10,3).

Diese Einsicht erschließt sich im "Licht des Glaubens".

Abzulesen ist es auch an Jesu Person. Jesus in den Evangelien bejaht, obwohl im einzelnen kritisch, grundsätzlich die Tora als Weg zu Gott. Die Tora, verstanden als Gottesgabe, regelt das Gemeinschaftsleben und die Beziehung aller Individuen zur Gemeinschaft. Doch hat Jesus zudem eine einzigartige, individuell-personale Beziehung zu Gott, zum "Vater" - Grundlage seiner Botschaft und partiellen Gesetzeskritik.

Analog ist es um die Jünger und nachfolgende Christen bestellt.[85]

Doch der totale Säkularismus verwirft die Entdeckung der *Person* wegen der religiös-theologischen Implikationen: Das Ich ein "paranoides Konstrukt" (*J. Lacan*), eine "völlig passive Straßenkreuzung" von Zufällen und Ereignissen (*C. Lévi-Strauss*), eine "Illusion" für gewisse Hirnforscher.

---

84 *Messner* (a.a.O.), 53; damit sei auch klargestellt, was "Persönlichkeitsethik" bedeutet: ebd., 104

85 Wer meint, Jesus habe neben der menschlich-allgemeinen Gottesbeziehung (Tora) noch einen individuellen Gottesbezug wegen der zweiten (göttlichen) Natur, bedenke: die Kirche bekennt nur *eine Person* in Christus (*Chalcedon*)

Auch für die kollektivistische Anthropologie ist der christliche Person-Begriff "philosophisches Phantasieren". Sie leugnet nicht, dass jeder Mensch ein selbständiges, mit Wahlfreiheit begabtes Individuum ist. Doch bestreitet sie jede Unabhängigkeit der Freiheit von den gesellschaftlichen Bedingungen: "Die menschliche Tätigkeit ist - nach dem Marxismus - immer gesellschaftlich bedingt, aber nie eindeutig im voraus entschieden". Zwar wähle der einzelne bewusst zwischen mehreren Möglichkeiten, sei kein Spielball blinder Kräfte, sondern "Schöpfer der Geschichte", aber nur, weil seine freie Wahl - im Sinne des "Diamat" - die "erkannte Notwendigkeit" wähle.[86]
Der Kollektivismus bedenkt nur die Inhalte freier Wahl, nicht den Akt und dessen Möglichkeit. Wenn die Inhalte der freien Wahl aber wechseln, ist die Freiheit als ihr Träger gesondert zu bedenken. Ergebnis: Der Mensch ist ein freies Wesen, weil er ein rationales, d.h. wahrheitsfähiges Wesen ist, das an das Absolute rührt.[87] Das Verständnis des Menschen als *Person* (*Kierkegaard*, *Guardini*) besteht somit zu Recht.
Philosophische Anthropologie räumt natürlich ein, dass der einzelne Mensch für seine Reifung, ja für sein Überleben auf die Gesellschaft angewiesen ist, zu dieser aber stets auch in Spannung steht. Die Gesellschaft übt als massive Mehrheit unaufhörlich sozialisierenden – physischen, psychischen, geistigen - Druck auf die Individuen aus, Druck, der in demokratisch organisierter Offener Gesellschaft sowohl durch das verfasste Recht wie auch durch Engagement und Widerstand freier gesellschaftlicher Untergruppen so weit ausgeglichen

86 Vgl. *A. Schaff*, Marxismus und das menschliche Individuum (dt. TB Reinbek 1970), Teil III

87 *E. Coreth*, Grundriss der Metaphysik (Innsbruck-Wien 1994), 190

wird, dass die individuelle Entfaltung der Personen und ihrer Potenzen gefördert, statt behindert wird. Durch Zugehörigkeit zur Gesellschaft partizipiert der Einzelne an deren Kultur; die Person ist als Sozialwesen weithin auch Kulturwesen.[88] Doch die Gesellschaft als solche kann die Kultur weder pflegen noch produktiv weiter entwickeln, das vermögen nur entsprechend begabte und gesellschaftlich (solidarisch-subsidiär) geförderte Individuen.

"Der Mensch" wird erst dann zum "Schöpfer der Geschichte", wenn die "erkannte Notwendigkeit" in der Gesellschaft ausgiebig und frei diskutiert und (wenigstens) mehrheitlich Gemeingut wurde. Dabei gewinnen die Beiträge von Individuen variablen Einfluss. Auch muss es keineswegs immer um eine "Notwendigkeit" gehen, die den Fortschritt "legitimiert"; dieser kann auch durch freie - etwa künstlerische oder religiöse - Beweggründe motiviert werden. Zugespitzt: "Sozial ist er [der Mensch] als Geschöpf, individuell als Schöpfer der Kultur".[89]

Karl Marx hat freilich Recht mit der Wahrnehmung, dass individuelle Freiheit mit bedingt ist durch die gesellschaftlichen Klassen- und Produktionsverhältnisse. Schon *Aristoteles* betont, die *Theorie* bzw. die Wissenschaften und Künste hätten zuerst dort entstehen können, "wo man Muße hatte", konkret unter den altägyptischen Priestern, die von den "notwendigen Bedürfnissen" befreit waren.[90] Es sind die Überwindung der schieren "Notwendigkeit" und das Niveau der gesellschaftlichen Arbeits- und Pro-

---

[88] *M. Landmann*, Philosophische Anthropologie (Berlin-New York ^{4}1976), 187f; *E. Coreth*, Was ist der Mensch? Grundzüge einer philosophischen Anthropologie (Innsbruck-Wien-München 1976), 177ff

[89] *M. Landmann*, (a.a.O.), 187; *E. Coreth*, Was ist der Mensch?. 177-181

[90] Metaphysik A 981b

duktionsbedingungen, die das Zu-sich-Kommen individueller Freiheit und deren Entfaltung schrittweise erst ermöglichen.-
Trotz biologischer und soziologischer Bedingtheit und Angewiesenheit ist jedem Menschen ein individuell-personales Gottesverhältnis eigen.
Um die Mitte des 20. Jahrhunderts machten nun auch Theologen vermehrt darauf aufmerksam, dass die Erkenntnis der *Individualität* jedes Menschen, die in seiner *Personalität* wurzelt, wegen seiner individuellen Gottesbeziehung eine differenziertere Ethik als die traditionelle reine Wesensethik nötig mache.
Diesen Vorstoß erzwang u.a. die Auseinandersetzung mit der Existenzphilosophie. Obwohl der christliche Personalismus schon früher die Einmaligkeit jeder Person hervorgehoben hatte, wurde sie in christlicher Ethik und Moraltheologie unter die Kuratel des Primats des Allgemeinen und seiner Ansprüche an die Einzelnen gestellt.
Die in der kirchlichen Erziehung gewohnheitsmäßige Verkennung des Rangs der einzelnen Person vor Gott, zumal in moralischen Fragen, hatte u.a. *Jean Paul Sartres* atheistische Anthropologie hervorgerufen.

Sartre wendet sich vehement gegen die Vorstellung, der Schöpfer mache sich vom Menschen ein allgemeines Bild und stelle danach den Menschen her nach Art eines Werkzeugs (wie z.B. eines Papiermessers).

Im Protest gegen diese Vorstellung, die die spezifische Würde des menschlichen Subjekts aufhebe, postuliert er, die Essenz (das Wesen) des Menschen gehe der Existenz nicht voraus (wie in herkömmlicher christlicher Anthropologie und Ethik), sondern folge ihr nach; die Existenz selbst mit ihrer Freiheit erschaffe ihr eigenes Wesen Mensch nach ihrem Willen und Verstand.

Damit greift er das Thema von *Pico della Mirandola* auf: fast 500 Jahre früher, in *Pico*`s Rede über die Menschenwürde, sagt der Schöpfer, er habe Adam, anders als die übrigen Geschöpfe, seinem eigenen freien Willen überlassen, damit er selber seine Natur sich vorherbestimme: *tibi illam (naturam) praefinies.*
Für *Sartre* aber gestattet der kirchliche Gott keine Freiheit. Deshalb sei die Freiheit des Einzelmenschen, der allerdings seine Freiheit *verantwortlich* gebraucht, mit dem Glauben an den Schöpfer unvereinbar.

Den ethischen Aspekt verlegt *Sartre* also in den *verantwortlichen* Gebrauch der Freiheit: meine Wahl soll die Menschheit binden, jeden Menschen und dessen Freiheit mit wählen. Insofern gelte: "Ich erbaue das Allgemeine, indem ich mich wähle". Die allgemeine Norm bestehe also nicht früher als der Mensch, sondern entstehe nach ihm: gesetzt durch den verantwortlich wählenden Menschen..[91]

Der junge *Sartre* hatte eine populär-einseitige Vorstellung von Gott induziert bekommen, wie die Auto-Biographie *Les Mots* (Die Wörter) zeigt: einen "Gott des Zornes", der Menschen "unterjocht", einen "obersten Chef" und "*surveillant*", gegen dessen erniedrigendes "Auge" sich schon das Kind empörte.

Es war vor allem der Gott der Furcht vor der Hölle und die Auffassung, der Mensch sei wesenhaft anfällig für die Sünde, also in Gefahr, verloren zu gehen, die bewirkten, dass eine gewisse kirchliche Pädagogik beider großen Konfessionen wie auch die staatliche Pädagogik in jedem Eigen-Willen eines Menschen, schon des Kindes, etwas

---

[91] So in *Ist der Existentialismus ein Humanismus*? (von 1946).Welche Dimensionen die Auseinandersetzung heute an diesem Punkt erreicht, zeigt die Kontroverse *M. Striet - K.H. Menke*: s. Herder-Korrespondenz 2-4 /2017

Negatives sah, das zu unterdrücken war ("Brechung des Willens").[92] Auch deshalb - weil zutiefst misstrauisch gegenüber individuellen Willensäußerungen - suchte kirchliche Ethik Orientierung am vor-*subjektiv Überindividuellen, Allgemeinen.*

Zudem kam in der Philosophie des aufgeklärten Zeitgeistes die *Gattung Mensch* als dem Individuum *über*geordneter Begriff stärker zur Geltung. Das lag auch an der aufkommenden Naturwissenschaft, die nomothetisch, also auf Allgemeines (Gesetz, Klasse, Gattung, Art, Typus) bezogen arbeitet. Das erscheint, verglichen mit dem Studium der komplexen menschlichen Einzelperson und ihres einmaligen Schicksals, einfacher und führt zu verallgemeinerbaren Ergebnissen.[93]

7. 1 Schritte zur Existential-Ethik

Zwar muss es allgemeine, für alle gültige Prinzipien der Art "Du sollst" geben. Doch ist der einzelne Mensch als Geist und Freiheit nicht nur Fall eines Wesensgesetzes oder bloßer Schnittpunkt allgemeiner Wahrheiten, vielmehr ist er "eine individuelle Ewigkeit", die "Endgültigkeit schafft" und in ihrer einmaligen Individualität von Gott angerufen wird durch "Imperative", die sich wesentlich unterscheiden von Sollens-Prinzipien, die

---

[92] Ein "katholizistisches" Vorurteil hegt tiefes Misstrauen gegen die persönliche Freiheit und sinnt auf Abhilfe: So plädiert Opus-Dei-Gründer *J.Escriva de Balaguer* für "heiligen Zwang" gegen jene, die in Ausübung ihrer Freiheit "ihre Seele zerstören wollen": Der Weg Nr.399. Hier meint der Mensch, den Schöpfer an einem zentralen Punkt korrigieren zu müssen.

[93] Schon *Pascal* argwöhnte, die Menschen beschäftigten sich, weil sie fröhlich sein wollen, lieber mit den abstrakten Wissenschaften als mit dem Menschen selbst: Pensées, fr. 144

unterschiedslos von allen gelten.[94] So braucht es auch ethischen Raum für die gottgewollte Individualität des Menschen, der, persönlich von Gott berufen und geführt, einen Weg geht, der aus allgemeinen Normen, die allen Christen gelten, nicht ableitbar oder beurteilbar ist, zu dem aber die "Unterscheidung der Geister" in den Wahl-Regeln des *Ignatius von Loyola* geleitet.[95]
Mit einigem Zögern wurde dieser Anstoß von Moraltheologen aufgenommen: Man müsse den Menschen "in seinem nicht aus der Art ableitbaren Eigenwert" sehen lernen, der nicht weniger als das allgemeine Mensch-sein "unter dem verpflichtenden Willen Gottes" stehe; Gottes Wille, insofern er sich auf *diesen* individuellen Menschen beziehe, gehöre nicht weniger "zum Inhalt der konkreten sittlichen Forderung", die Gott an den Menschen stellt.[96]
Ähnliches wurde zuvor von jüdischer Seite betont: "Der Mensch soll selbst auch ein Schöpfer, gleichsam sein eigener Schöpfer sein, er selbst auch soll seine Individualität, seine Existenzform, seine Einheit und Ganzheit formen, sie gewissermaßen schaffen ... Individualität ist hier nicht nur Tatsache, sondern sie wird verwirklichte Tatsache ... Existenz ist ... auch ein zu Erfüllendes".[97]

---

94 *K. Rahner,* Prinzipien und Imperative, in: Das Dynamische in der Kirche (Freiburg/Br. 1958), 18; s.a. *Rahner-Vorgrimler,* Art. Existentialethik: Kleines Theologisches Wörterbuch (Freiburg-Basel-Wien [10]1976),; *H. Vorgrimler,* Art. Existentialethik: Neues Theologisches Wörterbuch (Freiburg/Br. 2008),

95 *K. Rahner,* Die Logik der existentiellen Erkenntnis bei Ignatius v. Loyola, in: Das Dynamische (a.a.O.),74-148; *K. Fischer,* Gotteserfahrung. Mystagogie in der Theologie K. Rahners u. in der Theologie der Befreiung (Mainz 1986), 47-64

96 *F. Böckle*, Grundbegriffe der Moral (Aschaffenburg 1966), 17. 81

97 *L. Baeck,* Individuum, 400

Dennoch tut sich die normativ denkende Moraltheologie schwer, der Existential-Ethik Raum zu geben (abgesehen von Epikie, die man aber hinsichtlich sog. göttlicher Gebote ungern zugesteht).

Aufschlussreich ist auch die Wortwahl der traditionellen Sicht. Da erklärt man (mit *Thomas von Aquin*), die Sünde sei ein Verstoß "gegen die Natur" im Ganzen und gegen die Natur des Menschen im Besonderen. Dem liege die Überzeugung zugrunde, "dass im ganzen Bereich menschlichen Wirkens *das Erste* immer das ist, was der Mensch und die Dinge ´von Natur` sind... Die 'Natur` des Menschen kann geradezu als der Inbegriff dessen bezeichnet werden, was mit ihm, *über seinen Kopf hinweg*, von Schöpfungs wegen gemeint ist".[98]

Hier stellt schon die Ausdrucksweise, besonders im letzten Satz, provokativ die Person oder das Individuum als inferiore Größe vor den allgemeinen Normen des Schöpfers bzw. der Natur dar. Dem entspricht der herkömmliche Ansatz moraltheologischer Handbücher:

"Der Mensch muss sein letztes Endziel erreichen durch *persönliche Tätigkeit*, die in Übereinstimmung steht mit der entfernteren (objektiven) und näheren (subjektiven) Norm des sittlichen Handelns, nämlich dem *Gesetz* und dem *Gewissen*".[99]

Christlicher Glaube erscheint hier vorrangig, nahezu exklusiv als Sammlung von Gott gegebener, alle Menschen verpflichtender Normen, teils dem natürlichen Sittengesetz, teils dem "Gesetz des Neuen Bundes" entnommen.

---

98 *J. Pieper,* Über den Begriff der Sünde (München 1977), 49f (kursiv von K.F.)

99 *H. Jone,* Katholische Moraltheologie (a.a.O.), 22 (Kursiv-Stellen im Original gesperrt)

Als "Sünde" definiert man "die freiwillige Übertretung eines göttlichen Gesetzes".[100] Das Individuum, die Person wird nur generisch ("Mensch") wahrgenommen im Blick auf Erfüllung oder Nicht-Erfüllung der Normen: Grad der Freiheit, der Verantwortlichkeit, Gewicht der Sünden etc. Die Wunsch-Vorstellung sieht den Christen als Tugend-Helden, der u.a. auch die (übernatürliche) Tugend "Glaube" besitzt, Glaube vor allem als "Gehorsam" verstanden. Dass der Christ als Person Eigenbedeutung hat, berufen, *sich selbst* auf Gott hin zu verwirklichen, dass er auf seinem Weg ein individuelles Schicksal, eine ganz persönliche Geschichte hat, die nicht einfach verrechnet werden kann nach Soll und Haben, kommt dieser Betrachtungsweise nicht in den Blick. Kaum wird bedacht, dass das persönliche Gewissen auch ausgerichtet ist auf den individuellen Weg, die individuelle Berufung einer Christin, eines Christen.

Gegen die Unterbewertung des individuellen Menschen auch im kirchlichen Betrieb hatte im frühen 19. Jahrhundert *Sören Kierkegaard* schärfsten Protest eingelegt: vor den Tierarten zeichne sich der Mensch dadurch aus, dass er "mehr ist als die Art", dass, obzwar für Verfehlung anfällig, es auch seine "Vollkommenheit ist, der Einzelne zu sein". Daher betont er, Gegensatz zur Sünde sei nicht die Tugend, sondern der *Glaube* [101] - mag auch der Glaube, biblisch gesehen, berufen sein, sich zu verleiblichen in tugendhafter Praxis, wie der Apostel den Gemeinden ans Herz legt.

Anthropologisch gesprochen: Weil die einzelne Person nicht schon identisch ist mit "Mensch" als Artbegriff, kann der Schöpfer eine Verfehlung gegen das Menschsein, gegen ihre (Mensch-) Natur vergeben. Der Schöpfer will den Menschen nicht bloß als Exemplar der Species

---

[100] *Jone* (a.a.O.), Nr.96. "Wir haben aus der ´Gewissenserforschung` eine Übung reiner *Moral* gemacht": *Alphonso,* 53

[101] Die Krankheit zum Tode II A Kap.1; B / B Anm.

Mensch, sondern - darüber hinaus - als personales, einmaliges, mit Selbst-Wert beschenktes menschliches Individuum.
Erschwerend, das heißt die verbreitete Blindheit für das gottgewollte Individuum begünstigend kam hinzu, dass die Theologie bis etwa Mitte 20. Jahrhundert den Menschen wesentlich als "reine Natur" auffasste, statt ihn als von Anfang an und zutiefst von Gottes Heils-Wille und Erbarmen erfasst und umfangen zu sehen. So mutete man das sog. natürliche Sittengesetz als erfüllbar schon der bloßen Willensanstrengung des Menschen zu.
Doch ist jeder Mensch, wie schon *Augustinus* wusste ("*fecisti me ad te*"), von vornherein auf Gott hin geschaffen, findet Ziel und Erfüllung in Gott. Das sogenannte natürliche Sittengesetz fällt aus dieser dynamischen Letzt-Orientierung jedes Menschen nicht heraus, sondern ist ein Aspekt davon. Das heißt, Gottes Schöpfer-Wille ist zwar begrifflich unterscheidbar von Gottes Heils-Wille, fällt aber realiter mit ihm zusammen.[102] Die Erfüllung sittlicher Normen ist somit von vornherein Bestandteil der persönlichen Glaubens- und Gnaden-Geschichte.

7.2 Die Person als Gabe und Aufgabe

Vor diesem Hintergrund stellt *Guardini* zeitlos-wesentliche Aspekte der "Annahme seiner selbst" heraus. Bemerkenswert hierbei: die existentiell-personale Sicht fragt nach menschlicher Individualität nicht mehr nur von außen, sondern bezieht die *Innen*perspektive ein.
Im Zentrum steht das fremde, unbekannte *Ich*, das die

[102] Vgl. *K. Fischer*, Der Mensch als Geheimnis - Die Anthropologie K. Rahners (Freiburg-Basel-Wien [2] 1975), 252-257; *F. Böckle*, Fundamentalmoral (München 1977), 238-244; *B. Häring*, a.a.O., 155f

Aspekte Seele und Körper in sich begreift, als Gegenüber des Bewusstseins. Das Ich fragt nach sich selbst, da es sich selbst nicht oder noch nicht kennt und besitzt. Das Ich ist sich selber das bekannte Unbekannte.
Da aber das Ich sich selbst nur erst ansatzweise hat, erfährt es sich insgesamt als *sich gegeben* und *sich* zugleich *aufgegeben*: als *dieses* Ich in *dieser* Zeit unter *diesen* Bedingungen.
So entsteht die Frage, wie das Ich sich zu sich selbst als dem Unbekannten stellen will.
Es kann sich deuten z.B. als "Spottgeburt aus Dreck und Feuer". Doch ist diese Deutung spürbar *unter* seinem Niveau!
Gegeben bin ich mir durch ein Du (vorab das mütterliche Du), das mächtiger ist als ich. Seine Gabe ist zugleich *Auf*gabe: mich ungefragt Existierenden anzunehmen, wie ich bin: mit diesem Ausgangspunkt, in diesen Grenzen, mit diesen Möglichkeiten. Es ist die Grundaufgabe jedes menschlichen Daseins. Dieses Ich annehmen beinhaltet, sein jeweils individuelles, einmaliges Mensch-sein annehmen und realisieren.
Je dieses Ich annehmen und realisieren bedeutet nicht nur eine einmalige Aufgabe und Chance, sondern auch eine einmalige Schwierigkeit. Stets wartet auch die Versuchung zur Auflehnung, dieses Dasein abzuwerfen, das *ich* ursprünglich gar nicht gewollt hatte: ein anderer sein zu wollen oder: gar nicht sein zu wollen.
Denn da ich mir mein Dasein nicht gewählt habe, fehlt mir ja zeitlebens das Verständnis, warum es mich gibt und geben soll. Mir ist zugemutet, mich ins Dunkel hinein zu akzeptieren, mitsamt den unliebsamen Begleiterscheinungen: warum gerade dieser Broterwerb, warum dieser Unfall, warum diese Familie? Warum ich mit diesen Begabungen, Mängeln und Grenzen?

Mehr noch: auf einem ganzen Bereich dessen, was zu mir gehört, was zu "ich bin ich" gehört, liegt ein *Zwang*. Weite Teile meiner Physis stehen ungefragt unter bindenden Gesetzen, wie sie für den Stoff und stoffliche Systeme gelten, sind dadurch meiner Willkür entzogen: Ich muss essen, trinken, schlafen; mein Denken unterliegt (normalerweise) der zweiwertigen Logik; ich bin verschiedenen, nicht-abschaltbaren Emotionen und Trieben ausgesetzt; ich muss für meine Gesundheit sorgen; ich brauche ein Dach über dem Kopf; ich muss mich gegen Kälte schützen, d.h. bekleiden; ich muss, sobald erwachsen, meinen Lebensunterhalt selbst bestreiten (schon weil Eltern früher sterben), usw. Ich stehe also von Anbeginn unter Zwängen und Pflichten.
Von Anfang an bin ich daher auch unter einem System von Zwängen. Auflehnung gegen sie wird in den meisten Fällen mit dem Tod bestraft. Nur ihre Akzeptanz wird mit Leben belohnt.[103]
Doch ist die Annahme dieses Systems von Zwängen und Pflichten die *condicio sine qua non* meiner Existenz. Darüber hinaus bin ich als ureigenes, einmaliges Dasein mir gegeben und aufgegeben, soll - eigentlich: muss - je mein Ziel, je meinen Sinn suchen und finden.
Hier hört jede Einordnung ins Allgemeine auf. Ich soll in bestimmter Weise eben nicht sein wie die anderen, sondern eigen - im Letzten auch einsam. Dieses je meinige Ich annehmen, durch-tragen und sich dabei gehorsam Gottes Willen unterstellen ist für *Guardini* die eigentliche *Frömmigkeit*. Die Frömmigkeit der Selbst-Annahme findet Ausdruck etwa in *Bonhoeffers* Vers "Von guten Mächten wunderbar geborgen, erwarten wir

---

[103] Die Annahme der Zwänge wird teilweise erleichtert durch Belohnungen wie schmackhafte Speisen und Getränke, durch Erhöhung des Wohlfühl-Faktors u.a.m., Anreize, die wieder auf mit gegebenen, unwillkürlichen Antrieben und Befindlichkeiten beruhen.

getrost, was kommen mag".
Grundsätzlich gesprochen: "Die Dinge entstehen aus Gottes Befehl, die Person aus seinem Anruf. Dieser aber bedeutet, dass Gott sie zu seinem Du beruft - richtiger: dass er sich selbst dem Menschen zum Du beruft ...Die Welt ist von Gott zum Menschen hin gesprochen. Alle Dinge sind Worte Gottes zu jenem Geschöpf hin, das von Wesen bestimmt ist, im Du-Verhältnis zu Gott zu stehen. Der Mensch ist der zum Hörer des Welt-Wortes Bestellte. Er soll auch der Antwortende sein. Durch ihn sollen alle Dinge in der Form der Antwort zu Gott zurückkehren".[104]
Darin ist angelegt, was das Stichwort "Aufgabe" nur indirekt anspricht: das individuell-persönliche Sein-sollen. In ihm liegt von Gott her die unaussprechliche *Achtung* vor jedem Einzel-Geschöpf. Gottes Achtung vor jedem einzelnen Menschen (wie vor jeder Kreatur) will des Menschen Selbstachtung begründen, ebenso wie die Achtung der Mitmenschen vor ihm und voreinander.
In der Reihe der Geschöpfe ist das Ich, die Person, das selbständigste. Ontologisch heißt das: es ist das dem Schöpfer nächste Geschöpf, dem dieser "innerlicher ist als dieses sich selbst" (*Augustinus*).
Die Gleichnisse von den drei Empfängern von Talenten bzw. Minen veranschaulichen, wie wichtig dem Herrn der Knechte deren Akzeptanz des Anvertrauten, also die Annahme und Verwirklichung des jeweils aufgegebenen, ganz individuellen Lebens ist (Mt 25,14-30; Lk 19,11-27).
Hier wird deutlich: ein Mensch ist, ontologisch wie ethisch, kein bloßer 'Fall' eines Allgemeinen (von Idee oder Gesetz), sondern ist ein von Gottes Schöpfer-Willen, Schöpfer-Liebe als *dieser* Mensch gerufenes, individuelles Subjekt - Ich -, das sich "da" weiß durch Anruf und Anrede Gottes.

---

104 *R. Guardini,* Welt und Person (Würzburg ³1950), 113f

Dieser Mensch fragt: Was soll *ich* tun? Wie kann und soll *ich* mein Leben gestalten? Das heißt nicht nur, Gebote merken und erfüllen. Sondern: Was soll ich tun, um das von Gott gemeinte Individuum, um je meine Persönlichkeit zu werden?

Das ist nicht, wie manche schreckhaft meinen, ein Aufruf zum Solipsismus, Egozentrismus und Egoismus.

Im Geschäftsleben, oft auch darüber hinaus gilt die gegenteilige Devise: "jede(r) ist ersetzbar".

Vor Gott und für Gott gilt aber: jede(r) ist unersetzlich!

Da geht es nicht bloß um einen gedachten Plan Gottes für die Welt, wo jede(r) eine bestimmte Rolle hätte - das wäre zu eng geführt. Vielmehr zeigt sich in der Vielzahl der Individuen der Reichtum des Mensch-Geschöpfes und spiegelt sich darin der unerschöpfliche Reichtum Gottes.

Dies alles ist aber noch zu statisch-beschreibend gesagt. Denn es geht beim Menschen nicht nur um Gestalt, sondern um Gestaltung. Wie kann und soll ein Mensch sein Leben führen, seine Existenz gestalten, um seine einmalig-lebendige Ganzheit zu erreichen?

Das bedeutet konkret: ein Mensch braucht nicht ständig zu fragen "Was darf ich tun?", als müsse er sich ständig nach den anderen, ihren Erwartungen und Maßstäben richten. Vielmehr *darf* und *soll* er sich fragen "Was möchte ich tun? Wie meine Zeit gestalten? Was liegt mir am Herzen?" u.ä. Es geht ja um seine eigene, individuelle Existenz, die er führen soll.

Auch wenn er (was besorgte Frömmigkeit gern verhindern würde) in den Augen anderer dabei fehlt, etwas Falsches, Inakzeptables tut, man ihn zur Rede und den Fall klar stellt, achtet Gott diesen Menschen unbedingt, auch wenn er fehlt, sofern dieser Mensch dabei *er* oder *sie selbst* sein will oder wollte.

Darum sind auch Mitmenschen gehalten, den anderen zu akzeptieren, auch wenn er einen Fehler macht oder schuldig wird. Ein Problem entstünde erst, wenn er *sich* verfehlen würde: *sich* in seiner gottgewollten *Individualität.*

Natürlich soll er auch die Zehn Gebote beachten, weil sie - in meist negativer Form - seine Beziehung zu Gott und Mitmenschen regeln. Aber selbst wenn er alle Gebote erfüllt, hat er noch nicht sein individuelles Ziel erreicht, ist noch nicht gereift zu der einmaligen Person, als die ihn Gott will, zu der er ihn berufen hat.

Im Evangelium wird das deutlich, als ein junger Mann zu Jesus kommt und nach ewigem Leben fragt. Er hält die Zehn Gebote, fühlt aber, dass ihm etwas fehlt, ist unzufrieden mit sich. Und Jesus sagt ihm das Individuell-Einmalige, das *ihm* zu *seiner* Vollgestalt fehlt, auf den Kopf zu. Hätte er diesen Rat angenommen und gelebt, hätte er am Ende *seine* ihm mögliche und gewährte Berufung vollendet (Mk 10,17-22 Par).

Auch Jesu Heilungstaten sind nicht einfach nur Zeichen seines Kampfes gegen Krankheit und Elend als Menschheitsübel. Vielmehr ermöglicht die Heilung diesen Menschen - Blinden, Gelähmten, Aussätzigen usw. - erst den Beginn ihrer *ureigenen* Lebensführung, ihrer persönlichen Existenz.[105]

Doch gehen wir nochmals einen Schritt zurück: ehe er daran denken kann, sein eigenes Leben zu führen, muss ein Mensch sich klar werden über sich selbst - noch im Vorhof zur "*confessio fidei*".

Zur Klärung verhelfen tiefenpsychologische Einsichten, kombiniert mit solchen der Existenzphilosophie. Hier liegen seit Jahrzehnten bedeutsame Klärungen bereit.

---

[105] Auch jene, die von Jesu konkreten Heilungstaten nicht erreicht wurden, hatten, sobald sie ihre Behinderung annahmen, trotzdem die Chance auf ihre individuelle menschliche Vollendung.

Je mehr ein junger Mensch in Jahren fortschreitet, desto mehr wird er dessen inne, dass in ihm mehr ist, Tieferes, als er bewusst von sich weiß. Er registriert in sich nicht bloß ein recht selbständiges Triebleben, sondern auch teils spontane, teils sich entwickelnde Reaktionen emotionaler oder seelischer Art, die sich ungeplant und ungewollt einstellen und auch nur mühsam beherrschbar sind: Regungen der Angst, der Wut, sodann Wünsche, Sehnsüchte, aber auch Enttäuschungen, Frustrationen, Gefühle des Sinnlosen.

So erfährt schon der junge Mensch in sich ein Bedürfnis nach Klarheit über das Ganze, das er ist und das noch verborgen in ihm schläft; das Bedürfnis nach Bewertung, Verfügungsmacht und Steuerung der Antriebe, die er in sich wahrnimmt. Das Bedürfnis nach mehr Klarheit und Steuerungsmacht über sich, das ein Mensch vor sich selber, aber auch vor Mitmenschen hat, lässt erkennen: seinem Wesen wohnt ein Person-Kern inne, das "Selbst".

"Das Selbst ist Freiheit" (*S. Kierkegaard*). Da sich im Selbst zudem Bewusstes und Unbewusstes vereinen, ist der Freiheit auch die Aufgabe der Integration beider Seiten zugedacht.

Zur Erlangung persönlicher Identität produziert das Selbst entlang wichtiger Erfahrungen jeweils ein Selbst-Bild, das sich, zeitweise unter Schmerzen, als veränderlich entpuppt, weil in hohem Maß abhängig vom Echo der Mitmenschen, von Erfolgs-Erlebnissen, Erfahrungen des Misslingens, entweder sublimiert oder verdrängt, von Akzeptanz oder ablehnenden Rückmeldungen seitens der Bezugspersonen. Viel hängt davon ab, ob jemand sich dem Selbst-Bild "der anderen" bzw. des "man" beugt oder sich schließlich traut, zu den ureigenen Bedürfnissen zu stehen, *my way* einzuschlagen und zu verteidigen.

Dies wieder ist davon abhängig, ob es gelingt, ausreichendes Selbstwertgefühl - Ich-Stärke - auszubilden.
Diese Sicht auf die Subjekt-Ontogenese bedarf aber noch der systemischen Ergänzung durch die sogenannte "wissende Individuation", denn die Individuation ist von Anfang an "bezogen". Soll das Selbstwerden des jungen Menschen gelingen - er ist ja nicht auf sich allein gestellt, sondern entwickelt sich in der Familie oder in deren Substitut -, kann sein reflektierendes Ich nicht nur eine "Individuation mit" (Eltern usw.) vollziehen, sondern benötigt auch die "Individuation gegen": es muss sich Nein sagend behaupten können gegen die Autorität, was aber nur durch eine Meta-Perspektive gelingt, vermittelt durch Drittpersonen, die neue Kontexte eröffnen, das anerzogene Werte-System ergänzen oder relativieren, die überhaupt die familiäre Konstellation bereichern und deren Evolution voranbringen. Dem engsten Familiensystem fernstehende Drittpersonen werden dann samt ihren neuen Horizonten verinnerlicht. Die Individuation misslingt aber oder wird gestört, wenn die Familie die nötigen Schritte des Heraus-Wachsens blockiert, indem sie sich und ihre Weltanschauung - und wäre es die sogenannte "christliche" - absolut setzt.[106]
In dem berühmten Gleichnis vom Vater und den zwei Söhnen versinnbildlicht der Vater sozusagen zwei Familienmodelle, eines, das den älteren Sohn zu stark bindet und so seine Individuation blockiert, das andere, das - obschon unter Schmerzen - den Ausbruch des jüngeren Sohnes zulässt und eine sowohl Zeit wie neue Lebenskontexte benötigende Individuation ermöglicht. Dass der jüngere Sohn zum Vater - also zum elterlichen Werte-System - zurückfindet, besser, es wieder oder neu

---

[106] Vgl. *H. Stierlin*, Der Begriff "Individuation" in systemischer Sicht, in: *ders.*, Individuation und Familie (Ffm 1989), bes. 40-49. Ergänzend *R.A. Spitz*, Vom Dialog (dt. TB Ffm 1982)

findet, hat zur Voraussetzung, dass das elterliche Wertsystem sowohl fest wie flexibel war bzw. ist und sich daher in der Situation der Krise als bewährt anbieten kann. Zur Individuation gehört freilich nicht nur die Integration der Inhalte des persönlichen und kollektiven Unbewussten, der Familie und ihrer Kontexte, sondern auch das Ernst-nehmen der im geistigen Bereich des Individuums lokalisierten *Sinn*-Suche, ggf. die Therapie eines Sinn-Defizits.

Menschen suchen eine *sinn*volle Lebensgestaltung, sind zufrieden, wenn sie ihr persönliches Leben als sinnerfülltes Dasein führen. Das meint bedeutend mehr als Selbstfindung und Selbstverwirklichung, Ziele, die - je nach Definition - nur Etappen auf dem Weg zum Sinn besagen. Wer Sinn sucht, sucht Erfüllung *über sich hinaus*. Sinn wird nicht erworben oder errungen, sondern gefunden und entdeckt: als Erfüllung des eigenen Unterwegs-Seins durch Raum und Zeit.

Wie zahllose menschliche Krisen zeigen, kann kein Mensch leben, ohne einen Sinn zu haben oder zu sehen. *Sinn* füllt das sonst leere Dasein. Dabei ist die Erfahrung, dass das Leben sinnvoll ist oder wird, nicht zu trennen von der Erfahrung personaler Identität, des Person gewordenen Selbst.

Viktor Frankl mühte sich als Arzt lebenslang, Menschen zu helfen, die den Sinn (griechisch *Lógos*) des Lebens entweder verloren oder nicht gefunden hatten, und begründete die Sinn-Therapie (*Logo*therapie). Für ihn ist das *Gewissen* die Instanz, die Menschen befähigt, "intuitiv den einmaligen, einzigartigen Sinn, in jeder Situation verborgen, aufzuspüren. Das Gewissen ist ein Sinn-Organ".

Dabei macht *Frankl* eine doppelte Bezüglichkeit aus: den in einer bestimmten Situation angelegten Sinn, der sich auf eine bestimmte Person bezieht: Sinn *in* einer Situation *für* eine Person.

Dann zeigt sich, dass selbst in Erfahrungen vermeintlich sinnloser oder sinnwidriger Schicksale ungeahnter Sinn zu entdecken und zu gestalten ist.
Frankl spricht bewusst von einem innerweltlichen Sinn, während er den vom Glauben gestifteten Sinn "Über-Sinn" nennt.[107]
"Religiös Musikalische" erfahren: der sogenannte "Über-Sinn" für glaubende Menschen *kann* auch schon innerweltlich Gestalt gewinnen.
Offenkundig treffen wir hier auf eine Richtung der Humantherapie, der es gerade auch um die Einmaligkeit jeder Person und ihres Lebenswegs zu tun ist.

7.3 Christliche Existential-Ethik

Noch ein *zweiter* Aspekt verlangt Aufmerksamkeit: Viele Menschen auf der Suche nach Warum und Wozu ihrer Existenz nehmen das vom Schöpfer empfangene und mit Christus vollendete Lebensgeschenk an. Doch wird ihnen ihre *Freiheit* bewusst, wenn sie mehrere Möglichkeiten und Wege vor sich sehen, die ihnen gleichwertig, gleich gewichtig oder auch gleich indifferent erscheinen. Wenn sie gelernt haben, den Geber von Leben und Freiheit ins Auge zu fassen, sich ihm verantwortlich wissen, suchen sie nach möglichst eindeutiger Gewissheit darüber, was Gott, mit Blick auf die ihnen verliehenen Gaben, von ihnen will, wohin er sie lockt, in welche Richtung sie ihr Lebensschiff steuern sollen.
Allerdings begegnet man nicht wenigen Christen, die vor einer solchen Intensivierung ihrer Glaubensgeschichte zurückscheuen, die für sich einfache und klare Direktiven vorziehen. Auch bleibt offen, ob und, wenn ja, an welchem Zeitpunkt ihrer Lebensgeschichte sie die genannte

---

[107] *V.E. Frankl*, Der Mensch auf der Suche nach Sinn - Zur Rehumanisierung der Psychotherapie (TB Freiburg-Basel-Wien [2] 1973), 119-126

Vertiefung suchen. Es handelt sich natürlich auch um die Frage der persönlichen Begabung, wie sie sich auch in anderen Bereichen stellt.

Hinzu kommt, dass die Intensität gereiften personalen Glaubens die menschliche Natur ermüdet, mit der Folge, dass der Glaube der Gläubigen immer wieder herabsinkt auf vor-personale Haltungen und Gewohnheiten. An die Stelle förmlicher Einladung durch die Verkündigung, die den personalen Kern der Gläubigen aufruft, treten zeitweise Rituale, Disziplin, Gewohnheit, Organisation (wie die Übung der Sonntagsmesse, Beicht-Andachten, Gemeinde-Gesänge, Feste und Feiern). Manche Seelsorger sind jedoch geneigt - weil scheinbar leichter zu handhaben -, das Intervall für die Regel zu nehmen und die Leute mit sanftem (oder unsanftem) Druck zu Frömmigkeit zu bewegen, statt sie zu einem Glauben auf personaler Höhe und Überzeugung anzuleiten.[108]

Denn es steht fest: "Die Person ist der christliche Adressat" (*J. Goldbrunner*). Statt auf vor-personalem Glaubensniveau zu verharren, ist der individuell von Gott Berufene gehalten, ja verpflichtet, seine ureigene Berufung zum Christ-sein zu suchen.

Die Suche wird, wie gesagt, dringlich, wenn es dem Suchenden trotz angestrengten Prüfens nicht zweifelsfrei gelingt, das ihm individuell-persönlich Zugeteilte ausfindig zu machen, einen individuellen Auftrag, eine persönliche Berufung eindeutig zu erkennen.

Fußend auf Einsichten aus den ersten Jahrhunderten christlicher Theologie und Spiritualität entwarf, wie

[108] Vgl. *J. Goldbrunner*, Kleine Lebenslehre der Person (Regensburg 1980), 42-46. 57-65; schon früher in: Realisation - Anthropologie in Seelsorge und Erziehung (Freiburg-Basel-Wien 1966), 254-272; *K.G. Rey,* Darauf kommt es an - Über die Selbstverwirklichung der Christen (München 1976)

erwähnt, *Ignatius von Loyola* eine an sich selbst erprobte Methode der *Wahl*.
Ihr Erfolg setzt beim Suchenden eingeübte Offenheit und Bereitschaft ("Indifferenz"), nämlich Freiwerden von Vorlieben und vordergründigen Wünschen voraus, von Affekten also, die das Ergebnis der Suche nach Gottes Willen für gerade diese Person von vornherein verzerren würden.
Die herkömmliche Spiritualität freilich verallgemeinerte und vereinfachte hier rigoros. Sie neigte dazu, subjektive Regungen und Antriebe zugunsten des Allgemeinen generell abzuschneiden: der geläuterte Christ müsse alles "Selbstische" überwinden (Selbst-Hass) und sich (etwa als Weihe-Kandidat) wunschlos "der Kirche" zur Verfügung stellen. Was Gott von ihm wolle, erfahre er durch den Ruf der zuständigen kirchlichen Instanz.
Dabei wurde übersehen oder ignoriert, dass personal Glaubende und Gott-Sucher auch ihre Lebenserfahrungen als sich fortsetzende Exerzitien erleben und Gottes Ruf sich ihnen in Begegnungen, Rückmeldungen und sich klärenden Erkenntnissen unmissverständlich verdichten kann.
Ein spezielles Training mit Methode bieten die Geistlichen Übungen des *Ignatius* als "Modell eines Individuations-Weges" (*Albert Görres* [109]): beispielhaft die "Betrachtung zur Erlangung der Liebe" (4. Woche). Das meint die Liebe des Schöpfers, sich spiegelnd in der persönlichen Disposition des Suchenden und dessen Gebet "Nimm dir, Herr, meine ganze Freiheit ...verfüge [über mich] nach Deinem ganzen Willen, gib mir deine Liebe und Gnade, das ist mir genug".[110]

[109] *A. Görres*, Ein existentielles Experiment - Die Psychologie der Exerzitien des Ignatius von Loyola, in: *ders*., An den Grenzen der Psychoanalyse (München 1968), 115-151

[110] Die Exerzitien (dt. Einsiedeln 1964), nr. 244

Die Methode enthält zudem die Erfahrung, dass Gott "den Willen so bewegt und an sich zieht, dass eine Ihm ergebene Seele, ohne zu zweifeln oder auch nur zweifeln zu können, dem folgt, was ihr [von Gott] gezeigt wird" (nr. 175).
Die für Gott offene "Seele" oder Person, in Liebe zu Gott hingezogen, empfängt dabei eine unvergleichliche Tröstung, wie sie kein innerweltliches Gut spenden kann (nr. 316), unterbrochen freilich von Momenten der Trostlosigkeit, wenn Störungen im Hingabe-Willen auftreten (nr. 317-327).
Öffnung für Gottes Willen ist ja kein einmal und für immer erworbener Akt, sondern ein mühsamer (wochenlanger) Prozess, der erfahrene geistliche Begleiter als Stützen benötigt, die helfen, die verschiedenen Antriebe zu unterscheiden.
Die Möglichkeit für eine Person, eine ihr von Gott gezeigte, individuelle Wahl zu treffen, ergibt sich aus dem Fundament geistlicher Anthropologie.
So nennt man das Gewissen - bei *Frankl* das eigentliche Sinn-Organ - auch "Tastsinn für das Gute hier und jetzt". Es ist auch der Tastsinn für das individuell Richtige und für das von Gott Gewollte. Bereits *Origenes* erkannte einen jedem Menschen geschenkten, besonderen "Sinn für Gott".
Im Hochmittelalter lehrt *Bonaventura*, Menschen sei schon im Diesseits ein affektives Innewerden Gottes möglich. Diese Einsicht teilt noch *Pascal*: das Herz erspürt Gott, nicht der Verstand.[111]
Diese namhafte Tradition wird von *Ignatius* vorausgesetzt und genützt (nr.330).
Das Prinzip all dieser Bemühungen drückt ein Satz aus

---

[111] Nachweise bei *Fischer*, Gotteserfahrung (Mainz 1986), bes. 31-41. Ergänzend z.B. *G. Greshake*, Gottes Willen tun - Gehorsam und geistliche Unterscheidung (Freiburg-Basel-Wien 1984)

wie: "Ich selbst in der Gesamtheit meiner Bestimmungen ... bin ein Ruf Gottes", oder: "Der tiefsten Bedeutung nach" ist Gottes Wille "in der Ausrichtung meines Lebens ... meine unwiederholbare *Einmaligkeit*, der ´Name`, bei dem Gott mich ruft - das heißt mein wahrstes und tiefstes Selbst, meine Persönliche Berufung".[112]
In diesem ganz individuellen, persönlichsten Sinn ist jede Person in der Tat "unaussprechlich" (*ineffabilis*) - aber nicht wegen ihrer bloß numerischen Raum-Zeit-Stelle, als vielmehr wegen ihrer einzigartig gefüllten, von allem Verallgemeinerbaren quasi unendlich entfernten, auch der Empathie zuletzt entzogenen Besonderheit und Individualität.
Menschsein und Christsein gehen hier in eines. Wenn *Paulus* die Gläubigen aufruft, "Christus anzuziehen" (Röm 13,14), wird ein Christ, eine Christin damit ein einmalig-unverwechselbarer "alter Christus", wie die jede Kopie übertreffende Individualität namhafter Christinnen und Christen offenbart. Das Unvergleichliche umgreift selbst individuelle Eigenheiten, wenn der ´Christus-Anzug` zur ´zweiten Haut` geworden ist.
Wichtig zu sehen ist dabei: die persönliche, inklusive christliche Identität erbaut sich nicht nur auf dem Niveau der Aktivität, sondern zuvor auf dem Niveau des *Seins*, darauf dass m.a.W. jede(r) nicht nur christlich handelt, sondern Christ(in) *ist*.
Wie die Erfahrung weiß, kommt jede Tätigkeit irgendwann in eine Krise, ´es` funktioniert nicht mehr wie früher, die Welt verändert sich, Gottes Wille, die persönliche Berufung will anderes und mehr. Entscheidend ist, dass diese im persönlichen *Sein* ruht.
Sein ist nicht statisch, sondern dynamisch gemeint. Mit *Meister Eckhart* betont *Erich Fromm*: "Wichtig sind die

---

[112] *Greshake*, 57; *H. Alphonso*, Die Persönliche Berufung (Münsterschwarzach 1993), 14

Fundamente, auf denen unser Tun steht. Unser Sein ist ... der Geist, der uns bewegt, der Charakter, der unser Verhalten bestimmt". "Unser dynamischer Kern" sei realer als die davon trennbaren Taten und Meinungen. *Sein* als Leben, Dynamik, Produktivität, Selbstmitteilung.[113] *Kierkegaard* kommt zu einem ähnlichen Ergebnis. Gegen die Aufhebung des Einzelnen und seiner Freiheit in der Dialektik des "Systems" verwandelt er *Descartes`* *cogito* in ein *credo ergo sum*: "Glauben ist Sein", nämlich geschenktes Sein![114]

Geistliche Sinn-Findung, Berufungs-Findung ist zuerst und fundamental Sein, dann Haben und Tun.

Das zu sehen ist wichtig, weil auf den Menschen, der seiner gottgewollten Individualität inne wird, neue Möglichkeiten und Angebote zukommen. *Sein* und *Sinn* gehen hier zusammen.

Im Rahmen der *existentiellen* Ethik - betont *Alphonso* - kann der Mensch nun nicht mehr beliebig wählen, da ihn der gefundene, bejahte persönliche Sinn vor Gott bindet. Ihm ist nun aufgetragen, aus den sich bietenden Möglichkeiten diejenige zu realisieren, bei der er spürt, dass sie am ehesten mit der gewählten persönlichen Richtung kompatibel ist, indem sie am meisten "tröstet".

Die ignatianische Devise, jenen Weg zu wählen, der "je mehr" zu Gott hinführt, bezieht sich hier auf die schon zuvor erkannte, ganz persönliche Sinn-Spitze. Wer nun anders wählen, d.h. die schon getroffene Grundentscheidung ignorieren wollte, würde sich versündigen, nicht auf der allgemein ethischen Ebene, sondern auf höchstem Niveau, dem der ganz persönlichen Begegnung dieses Ich mit Gott. Die Gewissenserforschung betrifft auf diesem Niveau also nicht mehr nur allgemeine ethi-

---

[113] *E. Fromm*, Haben oder Sein (dt. TB München [6]1980), 68f; *Alphonso*, Berufung, 30

[114] Die Krankheit zum Tode II A Kap.2

sche Normen, sondern ist praktisch identisch mit der geistlichen Unterscheidung, die nur dieser Person möglich und geboten ist.[115]

Versuchen wir, die anthropologische Relevanz des eben Dargelegten in einem komplexen Bereich wiederzufinden.

Guardini sagt, wie gehört, von der Welt in Gestalt der Dinge, sie seien Worte Gottes an jede Person. Das schließt die Welt der Menschen ein. Ist die Person durch Gottes Anruf geschaffen und - in der Selbstannahme - zur Antwort bestimmt, kann sie, einer anderen Person begegnend, Gottes Anruf an die ihr begegnende sein oder selbst Antwort geben durch die Begegnung.

In die persönliche Entscheidung vor Gott, wo die einmalig-individuelle Sinn-Richtung der eigenen Existenz aufleuchtet, gehen die Mitmenschen mit ein. Sie werden bejaht, mit gewählt oder - im negativen Fall - auf Abstand gehalten.

Den Ursprung der Du-Ich-Beziehung beschrieb *René A. Spitz*.

Der dichteste Fall ist die Wahl ehelicher Lebensgemeinschaft mit diesem bestimmten anderen Menschen. Dass sie - im Gegensatz zu Zweck-Gemeinschaften - auf Dauer angelegt ist, wird hier vorausgesetzt. Doch zeigt Erfahrung, dass es häufig nicht gelingt, die eingegangene eheliche Gemeinschaft dauerhaft, d.h. bis ans Lebensende zu bewahren.

In vielen Fällen gehen ungewollt Verlassene, aber auch aktiv sich Trennende eine neue Verbindung ein. Sind sie innerlich auf Gott ausgerichtet oder haben diese Ausrichtung erneuert, kann ihnen in der neuen Verbindung und Lebenssituation deutlich werden, dass ihr individuelles Gewissen jetzt - erneut - z.B. unbedingte Treue fordert, eine scharfe Treue-Forderung, die sich

[115] Dazu *Alphonso*, 41-48

früher verdunkelt, die man zuvor so nicht verspürt hatte, beiseite geschoben oder ignoriert. Unbedingte Treue kommt dann als Forderung individuell-persönlicher Ethik, die diesen konkreten Fall (z.B. die zweite Ehe) einmalig und unvergleichlich macht.

7.4 Wesensethik und Existential-Ethik

Das bedeutet: auch monogame Treue und Einheit einer Ehe sind - vor jedem Willensakt - aktuelle Gabe, Geschenk, also nicht allein der Energie und dem festen Willen der Menschen anvertraut.
Das zeigt sich umgekehrt am häufigen Schicksal von Ehen, die man bester Absicht begann, aber in der vorrangigen Verfassung von "Fleisch", wie die Bibel den Menschen illusionslos nennt. Auch der ´gute Wille` und die gute Absicht gehören biblisch zum "Fleisch".
Für *Paulus* ist die Ehe - nicht weniger als der Zölibat - eine Gnadengabe (*chárisma*), der eine göttliche Berufung (*klæsis*) entspricht, oder umgekehrt eine Berufung, für die Gottes Kraft und Hilfe benötigt wird (1Kor 7,7.17.20).
Zur Hilfsbedürftigkeit des Menschen in der Ehe gehört offenbar deren Bewahrung (Unauflöslichkeit) bis zum Tod. Dass es so damit bestellt sein muss, erkennt man an den hohen Scheidungsziffern unter langlebigen Männern und Frauen der säkularen Gesellschaft, für welche die Ehe ein "weltlich Ding" ist, nichts weiter.
Bewahrung ehelicher Einheit und Gemeinsamkeit bis zuletzt sind, wie langjährige Partner oft dankbar erkennen (etwa aus Anlass von Silbernen oder gar Goldenen Hochzeiten), ein *Geschenk*, wofür sie sich kaum mehr disponieren können als durch innere Bereitschaft und Bemühen, soweit die Kräfte reichen. Ein Geschenk, sakramental vermittelt oder als Gebetserhörung, bleibt Geschenk, verwandelt sich nicht in Garantie.

Es festigt beider guten Willen, doch entrückt es das Paar nicht in eine heile, konfliktfreie Welt. Zerbricht eine Ehe trotz aller Mühe an stärkeren Mächten,[116] fallen die Partner Gottes erbarmender, aufrichtender Liebe anheim, wie Jesus im Evangelium es auf Schritt und Tritt vor Augen führt. Voneinander Getrennte, unter der Trennung Leidende sind vor Gott in keiner prinzipiell anderen Situation als zuvor: ihrer Schuld kommt Gottes *un*endliche *Herz*lichkeit tröstend entgegen.(vgl. Röm 5,17f; 11,32).[117]

Daher nochmals der Hinweis: Der mit dem Begriff "natürliches Sittengesetz" häufig verknotete Irrtum meint (oft nur halbbewusst), dessen Forderungen seien mit natürlichen sittlichen Kräften zu leisten. Konsequenz dieses Missverständnisses: Christen, die an der von der Kirche vorgelegten Moral scheitern, werden als willensschwach, träge, ja "Versager" qualifiziert, deren guter Wille zu bezweifeln sei. Den Irrtum dieser Voraussetzung enthüllt *Paulus* in den Anfangskapiteln des Römerbriefs: "alle" Menschen sind Sünder und würden Gottes "Zorn" verdienen.

---

[116] Für das eheliche Treue-Versprechen "bis der Tod scheidet" ist zu bedenken: der physische Tod eines Partners kann mehrere Formen haben: Demenz; Trennung durch Krieg, Verschleppung, Gefangenschaft; kompletter Bruch durch neue Bindung eines Teils, Eheschließung u.ä., wo die Kirche schon früher Oikonomia anwandte*: s. B. Häring,* Ausweglos? Zur Pastoral bei Scheidung u. Wiederverheiratung (Freiburg-Basel-Wien 1989), 45-55

[117] Gemeint ist nicht die offenbar zunehmende Zahl von Menschen, die eigene Verfehlungen nicht kennen, da Gott und Gewissen für sie Fremdworte sind.

Kirchlicher Naturalismus, das Konzept "natürlicher" Mensch ist zäh.[118] Der "self-made-man" entspricht in allen Bereichen natürlicher Neigung und Stolz. Nach noch immer, oft unterschwellig, verbreiteter Meinung kann man "sich das Heil verdienen", statt es ´nur` zu erhoffen.
Die Problematik lässt sich exemplarisch weiterhin aufzeigen an Theologie und Ethik der Ehe angesichts der Kontroverse um sog. Wiederverheiratet-Geschiedene.
Hier wird auch die Frage der Anwendbarkeit makroskopischer Gesetze auf - hier - menschliche Mikro-Bereiche (z.B. individuell-einmalige Situationen) wieder akut. Erneut begegnet das Problem, dass Gesetze und Normen *statischen* Charakter haben, indes die Lebenswirklichkeit *fließend* ist, also *Heraklits* Fluss entspricht, wo jedes normative Urteil, jede *Fest*stellung, *Fest*legung unvermeidlich zu spät kommt und nur versuchen kann, der Entwicklung ein wenig *nach*zukommen in mühsamer Spurensuche.

8. 1 Lieben, wie Christus die Kirche liebt

Papst *Johannes Paul II.* veröffentlichte 1981 ein auf die Ehe bezogenes Apostolisches Lehr-Schreiben unter dem Titel "Familiaris Consortio".
Es fasst zunächst die bestehende kirchliche Lehre von der Ehe zusammen.
Sie setzt an beim Alten Bund und erinnert, dass die Propheten das "Abbild und Symbol" der *Trauung* für Gottes neue, erbarmende Zuwendung zum untreuen, aber auch verlassenen Israel wählen: "Ich traue mich dir an auf ewig" (Hos 2,21; vgl. Jes 54,1-7). Mit den Propheten hebt

---

118 Die Reformatoren beklagten die Lehre der Schultheologie, der Mensch könne mit seinen natürlichen Kräften Gottes Gebote halten: Schmalkaldische Artikel III Von der Sünde Nr.3 / Von der falschen Buße der Papisten

sie hervor: Israels "Ehebruch" durch Untreue und Verrat am Bund kann "die ewige Treue des Herrn" nicht zerstören (Jer 3,6-13, vgl. Fam. Cons. Nr.12). Überleitend ins NT erinnert sie an Jesus, der mit Verweis auf Gen 2,24 die zu seiner Zeit offenbar leichtfertig praktizierte Entlassung von Frauen aus der Ehe durch ihre Männer tadelt: sie entspreche nicht dem Willen des Schöpfers (Mt 19,5).[119]

Die genannte Genesis-Stelle - "der Mann bindet sich an seine Frau, sie werden ein Fleisch" - deutet der Epheserbrief "auf Christus und die Kirche" (5,32). Daraus folgert der Autor (*Paulus*?), (Ehe-) Männer sollten ihre Frauen so lieben, wie sie ihre eigenen Leiber lieben, ähnlich "wie auch Christus die Kirche geliebt und sich für sie hingegeben hat" (v 25).

"So deutet er - im rechten Verständnis - die Ehe zwischen Christus und der Kirche an".[120]

Im Papst-Schreiben heißt es weiter: "Die Ehe der Getauften wird so zum Realsymbol des neuen und ewigen Bundes, der im Blut Christi geschlossen wurde. Der Geist, den der Herr ausgießt, macht das Herz neu und befähigt Mann und Frau, einander zu lieben, wie Christus uns geliebt hat" (Nr.13).

Der Transfer enthält einen erstaunlichen Schritt.

Der Apostel legt die Analogie strikt aus, begrenzt die Symbolik auf die Ehe*männer*, setzt Christus also zu Ehe-Männern in Parallele. Der Vergleichspunkt des Briefautors ist ausdrücklich die "Unterordnung" (ὑποταγή). Ohne die damals übliche Unterordnung der Frauen unter die Männer, besonders unter ihre Ehemänner, wäre der

---

[119] Für *Thomas von Aquin* ist die Unauflösbarkeit der Ehe gedeckt durch die Gleichrangigkeit von Mann u. Frau; auch der Verlust fraulicher Fruchtbarkeit u. Anmut mit den Jahren sei Indiz für die Ein-Ehe: Contra Gentiles III 123

[120] *H. Schlier*, Der Brief an die Epheser (Düsseldorf [6] 1968), 262

Vergleich zum Verhältnis Christus (Oberhaupt) - Kirche nicht zustande gekommen. Er unterstützt den Vergleich durch Hinweis auf die offenbar eingängigere Analogie Selbstliebe und Liebe zum eigenen Fleisch (Eph 5,28. 29.33), was aber den Akzent verlagert und abschwächt.
Das Papst-Schreiben aber wendet die Symbolgestalt "Christus", der die Kirche liebt, auf *beide* an, Männer wie Frauen, geht also über die Analogie des *Paulus* hinaus. Nach der Logik des "Realsymbols" kann das nur bedeuten, dass auch die Ehefrauen, die ihre Männer lieben, "bis der Tod" sie scheidet, ihren Männern gegenüber Christus repräsentieren. Die Wendung kann nichts anderes besagen, als dass auch die liebende Ehefrau in der Kraft des Sakraments "in persona Christi" ihren Mann liebt.[121]
Davon abgesehen, stellt diese Analogie-Beziehung Christus-Kirche ≈ Mann/Frau - Frau/Mann nicht schon das Ureigene, Einmalige einer Ehe dar, können doch Eheleute z.B. im beruflichen oder sozialen Engagement, gemeinsam oder einzeln, sachbedingt oder schicksalhaft getrennte Wege gehen. Dann besagt das Verbunden-sein in Christus nur den elementaren Zusammenhalt, nicht mehr.
Gegen Ende geht das Papst-Schreiben ein auf in irregulären Situationen lebende Christen.
Zwei Arten von ungeordnet lebenden Paaren wird der Zugang "zu den Sakramenten" verweigert: jenen, die nur zivilrechtlich getraut sind, das Ehe-*Sakrament* also nicht empfingen (Nr.82), und den "Wiederverheiratet Geschiedenen" (Nr.84).
Die zentrale Begründung hebt darauf ab, "ihr Lebens-

---

[121] Nicht-Zulassung von Frauen zur Priester-Weihe wird offiziell so begründet, dass eine Frau, anders als ein Mann, nicht "in persona Christi" handeln könne. Die Begründung scheint anzunehmen, dem Heils-Titel Christus komme ein geschlechtliches Gewicht zu, das aber ausgerechnet zwischen Mann und Frau in der Ehe zu entfallen scheint.

stand und ihre Lebensverhältnisse" stünden "in objektivem Widerspruch zu jenem Bund der Liebe zwischen Christus und der Kirche, den die Eucharistie sichtbar und gegenwärtig macht".

Eine Anmerkung behauptet, eine weniger konsequente Behandlung solcher Christen durch die Kirchenleitung würde die (in normalen Verhältnissen lebenden) Gläubigen irritieren.

Als Sakramente, zu denen die Genannten nicht zugelassen werden könnten, werden die Eucharistie und das Sakrament der Versöhnung genannt.

In der Bezeichnung "objektiver Widerspruch" (zu Gottes Gebot, zum Liebesbund zwischen Christus und Kirche) steckt der Hinweis auf das biblische Sünde-Verständnis. Die Bibel kennt keine bloß ´privaten` Fehlhandlungen, nur solche, die sich negativ auf die Gemeinschaft auswirken, das Heil-Sein der Gemeinschaft zerbrechen. Eine Verfehlung hat also nicht nur subjektiven Charakter, sondern wirkt sich auf andere aus - schwächend, belastend, erschütternd -, auch wenn die fehlende Person das gar nicht will oder wollte: die schädliche Folge der Tat steht objektiv, unabhängig vom Subjekt, im Raum (vergleichbar Kapital-Verbrechen in der Zivilgesellschaft).

Objektive Wirkungen einer Verfehlung haben in der Bibel oft mehr Gewicht als persönliche Schuld.

Diese Optik bestimmt die kirchenamtlichen Stellungnahmen gegen Ehescheidung, sie begründet die Verweigerung der Sakramente an "irregulär" lebende Katholiken. Der angefügte "besondere pastorale Grund", nämlich Vermeidung der "Irritation" regulär lebender Gläubigen, ist, biblisch gedacht, nur ein Aspekt der "objektiven" Wirkung der Verfehlung.

Diese objektivierende Denkart mit gefühlter Nähe zur Behandlung von Gesetzesbrechern ist heutzutage problematisch.

Sie wird nicht als vom Sachverhalt erzwungene Konsequenz empfunden, sondern als archaisch-mythischer, Menschen stigmatisierender Dualismus, dem Jesus zuvorkommt, als er den Häschern der Ehebrecherin nahelegt, Sündelose sollten die Steinigung anfangen (Joh 8,7). Damit ist die Wirkung möglicher *Vergebung*[122] noch gar nicht berührt. Die Evangelien zeigen, dass *Jesus* gerade mit seiner provozierenden Gottes-Botschaft oft Verwirrung und Ärgernis anrichtet. Offensichtlich will er mit der Praxis, auch mit als "Sünder" verrufenen Personen im damaligen Israel Tischgemeinschaft zu halten, auf das endzeitliche Festmahl (Jes 25,6-8; Jo 2,26) hinweisen.
Allerdings hielt er die Stiftung der "Eucharistie" im Abschiedsmahl nur mit dem engsten Kreis (zu dem aber "der Verräter" gehörte !). Auch heute werden Kirche und Gemeinde nicht umhin können, gegen ein Mitglied, das provokativ-verantwortungslos seine/ihre gültige Ehe bricht, ein klares Zeichen der Missbilligung zu setzen, das gilt, bis diese Person sich besinnt und, in Reue und dem Willen zu Umkehr, ein anderes Verhalten zeigt (entsprechend dem jüngeren Sohn im Gleichnis). Das Echo des Volksmunds auf solche Vorkommnisse zeigt deutlich, dass ein Ehebruch auch heute nicht bloß eine private Handlung ist.
Wie Seelsorger und Gemeinde mit solchen Mitgliedern umgehen sollten, wird nachfolgend Thema.
Es war ein biblisch begründeter Vorstoß, als die drei Bischöfe der Oberrheinischen Kirchenprovinz (*Saier, Kasper, Lehmann*) im Jahr 1993 ein gemeinsames Schreiben "zur seelsorglichen Begleitung" der genannten Personenkreise in den Gemeinden erstellten. Darin wiederholen sie im Wesentlichen die offizielle Sicht der sakramentalen Ehe, wie das Papst-Schreiben sie darlegt.

[122] Wie die Überwindung des "objektiven" Schadens von Scheidung und Wiederheirat aussehen könnte, ist skizziert bei *Fischer*, "Heute, wenn ihr ...", 105-112

Anders als dieses räumen sie aber in sorgfältig zu prüfenden Einzelfällen die Möglichkeit ein, jene Wiederverheiratet Geschiedenen zur Kommunion zuzulassen, die mit der Gewissensüberzeugung von nur geringer Schuld sich ermächtigt fühlten, zum Tisch des Herrn zu treten - bewogen z.B. von dem sicheren Gefühl, "dass die frühere, unheilbar zerbrochene Ehe niemals gültig war".

Die Bischöfe erwägen auch die Kommunion-Zulassung für jene, die Bußgesinnung bekunden, aber konkret und gleichzeitig in unüberwindlicher Pflichten-Kollision bezüglich der neuen Ehe oder Familie.stehen (Nr.IV 4).
Der Vorstoß wurde, da dem Apostolischen Schreiben *Familiaris Consortio* widersprechend, mit Tadel an die drei Bischöfe vom damaligen Papst zurückgewiesen.
Die pastorale Schwierigkeit, welche die drei Hirten - und mit ihnen zahlreiche Seelsorger und betroffene Paare - empfanden, dürfte daher rühren, dass Papst und Berater, wie schon ihre Vorgänger (s. *Casti Connubii*), die sakramental geschlossene Ehe als "Abbild und (Real)Symbol" des Liebesbundes zwischen Christus und der Kirche sehen, daraus aber ableiten, kirchlich Verheiratete hätten die ungekündigte, bis zum Tod am Kreuz gehende Liebe Christi zur Kirche darzustellen und zu leben, also Zeugnis für diese einzigartige Treue Christi zu seiner "Braut" Kirche zu geben und zu sein. Das kirchliche Lehramt setzt ausdrücklich voraus, dass das Paar an dieser Liebe Christi zur Kirche (deren Glied das Paar ist) dank der Sakraments-Gnade partizipiere. Man sagt mehr: Die Liebe Christi zur Kirche ereigne sich in der sakramental geschlossenen Ehe. Das Ehepaar stelle so ein "Realsymbol" und "Exemplar" dieser Liebe Christus-Kirche dar.
Diese Berufung und Aufgabe haben für das kirchliche Lehramt Vorrang und implizieren die Erwartung, dass die

Eheleute ihr Eheleben, inklusive Kinderzeugung, nach diesem Leitbild führen.
Theoretisch und faktisch bindet man das eheliche Schicksal zweier Menschen so konsequent und restlos an ein objektives Vor-Bild (Christus-Kirche), dass nur das *objektive* Ergebnis der christlich-katholisch geschlossenen Ehe zählt, nicht aber das biographisch-konkrete Schicksal der Partner.

Dabei weist das Apostolische Schreiben eigens darauf hin, man müsse "die verschiedenen Situationen" pastoral gut unterscheiden: es sei ja ein Unterschied, "ob jemand trotz aufrichtigen Bemühens, die frühere Ehe zu retten, völlig zu Unrecht verlassen wurde oder ob jemand eine kirchlich gültige Ehe durch eigene schwere Schuld zerstört hat" (Nr.84). In beiden Fällen ist von Wiederverheiratet Geschiedenen die Rede. Für das kirchliche Lehramt maßgeblich ist aber jeweils der *objektive* Widerspruch zum göttlichen Gebot und Vor-Bild. Das persönliche Wollen und Schicksal (wie im ersten Beispiel) zählen wenig. Darin liegen, weil zu kurz gedacht, Fehler, die Ärgernisse erzeugen.
Sie wurzeln im einseitig *objektiven* Menschenbild. Würden am Bruch unschuldige Gläubige, deren Status, deren Integrität und geringe Schuld bekannt ist, zum Tisch des Herrn zugelassen, käme es zu keinem Ärgernis in der Gemeinde.

8.2 Liebe und Arterhaltung

Die Situation kompliziert sich noch dadurch, dass mit dem Leitbild der nach Schöpfers Willen untrennbaren Verbindung Ehe ein weiteres Thema gekoppelt ist: nicht nur die Unauflöslichkeit der Ehe, auch die Unlösbarkeit (*indissolubilitas*) des ehelichen Liebesaktes vom Willen,

Kinder zu zeugen, wird gefordert.[123]
Schon die Päpste *Pius XI.* und *Pius XII.* hatten darauf bestanden, es müsse "jeglicher eheliche Akt" offen bleiben für Zeugung. Man wollte die mögliche Nutzung des ehelichen Beischlafs zu *bloßem* Lustgewinn, der als unmoralisch erachtet wird, blockieren.
Zwischenzeitlich hatte die Ehemoral die Einsicht gewonnen, der Sinn der Ehe bestehe nicht nur in Zeugung von Nachkommen, sondern auch in wechselseitiger Liebe der Partner, die Ehe sei also *auch* ein (exklusiver) Liebesbund.[124]
Daraufhin schrieb das kirchliche Lehramt unter Papst *Paul VI.* die frühere Lehre fort und statuierte, es gebe eine von Gott gewollte "unlösliche Verbindung" (*nexus indissolubilis*) zwischen den zwei Sinngehalten (*significationes*) der Ehe: Zeugung und Liebe. Nicht nur Abbruch der Schwangerschaft, schon jede Unterbrechung des Zeugungsvorganges (*generatio*), ja eine (auch nur zeitweilige) Sterilisierung der Ehepartner sei ein "in sich schlechter Akt", weil "in Widerspruch zum *Wesen* des Mannes und der Frau sowie ihrer innigsten Beziehungen" (HV Nr.13-14; *kursiv* K.F.).
Das meint: Der nach Mt 19,5 vom Schöpfer *untrennbar* gewollte Ehebund spiegle sich in einer zweifachen Untrennbarkeit innerhalb der Ehe: der Mensch dürfe die *Liebe* zum Ehepartner nicht vom Zeugungswillen trennen und dürfe den ehelichen *Verkehr* nicht vom Zeugungszweck trennen. Offenbar ist das kirchliche Lehramt über-

---

[123] II. Vatikanisches Konzil: Pastoral-Konstitution über die Kirche in der Welt von heute Nr.49-51; *Papst Paul* VI. Enzyklika "Humanae Vitae" (Abk. HV) von 1968, Nr.11-14. 25. Wir verwenden hier den lat.-dt. Text in bischöflich approbierter Übersetzung aus: Nachkonziliare Dokumentation Bd.14 (Trier 1968).

[124] Vat. II Konst. Kirche in der Welt von heute Nr.50

zeugt, mit dieser Idee von Ganzheitlichkeit den Schöpferwillen ("darf der Mensch nicht trennen") plausibel machen, quasi beweisen zu können.
Derartige Begründungsbemühungen finden wir bei Jesus nicht. Er antwortet auf die Frage, ob ein Mann seine Frau aus beliebigem Grund entlassen darf, und erklärt, was Gott verbunden habe, dürfe "der Mensch nicht trennen".
So wird landläufig übersetzt. Das griechische Wort "*ánthropos*" bedeutet aber im Kontext nicht "Mensch", sondern "Mann". Die Pharisäer hatten gefragt, ob ein Mann (*ánthropos*) seine Frau aus jedem Grund entlassen dürfe (Mt 19,3), und Jesus verneint: das sei nicht im Sinne des Schöpfers. Auch das Genesis-Zitat (Gen 2,24) in v 4 gebraucht "*ánthropos*" (hebr. ᵓiš) in der Bedeutung von "Mann". Offenbar will Jesus bei dieser Streitfrage die Würde der Frau betonen: sie sei vom Schöpfer her an Rang dem Manne gleich. Jesus trifft hier also, genau genommen, keine grundsätzliche Aussage zur Ehe, sondern weist die ´Machos` in die Schranken.
Das wird erneut deutlich, als Jesus gegen den Einspruch der Pharisäer nochmals den Mann ins Visier nimmt: "Wer immer seine Frau entlässt ... und eine andere heiratet, begeht Ehebruch" (v 9), d.h. *er* bricht das sechste Gebot. Nicht zufällig hängt Jesus dem Genesis-Hinweis (v 4) das Wort an, ein Mann werde Vater und Mutter verlassen und sich festmachen an seiner Frau (v 5). Verlässt ein Mann Vater und Mutter, die er ja ehren soll (Ex 20,12/Dtn 5,16), ist hier wohl mit gemeint, die Frau trete an die Stelle der Eltern des Mannes, sie solle mithin ebenso geehrt werden wie jene.
Jesus verteidigt an dieser Stelle offenbar die Würde der Frau gegen männliche Willkür. Er antwortet präzise auf eine Problemstellung der Pharisäer, sein Thema ist nur beiläufig die Ehe und deren dauerhafte Einheit, die ein *Mann* nicht auflösen solle.

Natürlich wird man unter heutigen gesellschaftlichen Bedingungen verallgemeinern: was Jesus dem Mann abspreche, gelte auch für die Frau, der Schöpferwille sei für beide gültig und gleich.
Die Verallgemeinerung gestattet aber nicht, den Ausdruck "*ánthropos*" in Mt 19,6 gegen den *Sinn* der Stelle mit "Mensch", statt mit "Mann" zu übersetzen (auch der bestimmte Artikel ὁ (ho) fehlt).
Das wird vollends deutlich, wenn *Paulus* auf den Sachverhalt zu sprechen kommt:
im hellenistischen Kulturkreis ist auch von Frauen zu fordern, sich nicht vom Mann zu trennen. Hier verweist er auf ein Herren-Wort bei *Markus* (1Kor 7,10f - Mk 10,12).
Das kirchliche Lehramt verallgemeinert das situationsgebundene Jesus-Wort zu einer prinzipiellen Lehre. Typisch die Berufung auf das Allgemeine durch Bezug auf das *Wesen* der Ehe, auf das *Wesen* von Mann und Frau als Zeugungspartner, und auf den *Ehe*-Akt: kein einziger dürfe stattfinden ohne Ja zur Zeugung. Damit werden abweichende individuelle Bedürfnisse und Situationen von Ehepaaren übergangen oder von vornherein negativ ("Willkür") bewertet.[125]
Die einzige Ausnahme, welche die Kirche gelten lässt, sind *ungewollt* zeugungsunfähige bzw. kinderlose Paare -

---

[125] Einen Monat nach Erscheinen der Enzyklika Humanae Vitae, am 30. August 1968, räumten die deutschen Bischöfe in der *Königsteiner Erklärung* ein, es könne in einzelnen Fällen das gebildete persönliche Gewissen christlicher Eheleute eine andere Praxis nahelegen als die in der Enzyklika geforderte. Die Königsteiner Erklärung steht bis heute (trotz Forderung nach Rücknahme durch Papst *Johannes Paul II.*), mögen auch manche ihr vorwerfen, sie habe eine "bis heute andauernde Ambiguität geschaffen" (*S. Kuby* in: Herder-Korrespondenz Spezial 1/2017, 14).

weil hier offenbar das Schicksal (oder der Schöpfer?) ausnahmsweise erlaubt, sich zu lieben, ohne Kinder in Kopf, Herz und Sinn haben zu müssen.[126]
Allerdings stößt die verallgemeinernde Deutung von HV an diesem Punkt auf den Widerspruch von vergleichender Verhaltensforschung und Medizin: Die naturwissenschaftlich-medizinische Forschung zeigt deutlich, dass, evolutionsgeschichtlich gesehen, der Sexualtrieb im Menschen nicht mehr primär auf Fortpflanzung gehe (an 23 von 28 Tagen gehen die Spermien zugrunde; an fruchtbaren Tagen liegt die Befruchtungswahrscheinlichkeit nur bei ca. 15 %). Der für die meisten Säugetiere bezeichnende Rhythmus-Wechsel zwischen Brunst-Zeiten und Zeiten sexueller Indifferenz ist bei den Primaten gelockert, bei Menschen nahezu verschwunden, mit der Folge, dass einerseits eine dauerhafte, gleichzeitig (verglichen mit tierischen Brunst-Perioden) gedämpfte Geschlechter-Spannung wirkt, sodass offensichtlich ein Freiraum zu persönlicher Gestaltung entstand. Da keine sexuellen Ruhezeiten mehr bestehen und die Befruchtungswahrscheinlichkeit an den für Empfängnis offenen Tagen gering ist, die Gehirnentwicklung den Menschen aber befähigt, den Beischlaf nicht nur animalisch-brünstig, sondern personal als liebend-lustbetonte Zuwendung zum Du zu gestalten und zu erleben, tritt offenbar die Zeugungsfunktion zurück. Das bedeutet: die vermeintlich untrennbare Verbindung von Begattung und Zeugung besteht von Natur her nicht mehr, weil die vermeintliche Einheit in Wirklichkeit sehr locker, ja schon weitgehend aufgelöst ist. Überdies gilt zu bedenken, dass

[126] Vorehelich bekannte Zeugungsunfähigkeit (Sterilität) eines Partners bedeutet kein Ehe-Hindernis, sofern der Koitus möglich ist (CIC c. 1084 § 3). Da nach HV zum Wesen der Kopula die Ausrichtung auf Zeugung gehört, fragt man, warum der CIC zeugungsunfähigen Paaren die Ehe gestattet. Antwort: Was die *Natur* gestattet, ist *Gottes* Erlaubnis.

der Mensch via Medizin die Sterbe-Wahrscheinlichkeit weit über natürliches Maß verringerte, sodass auch aus diesem Blickwinkel Anlass besteht, die Geburtenrate zu senken.[127]

Da die naturwissenschaftlich-medizinischen Einwände überzeugend klingen, fragt man sich, weshalb das kirchliche Lehramt sich ihnen verschließt. Zwei Gründe lassen sich erkennen (abgesehen davon, dass keine autoritativ lehrende, leitende Instanz gern Korrekturen akzeptiert):

1. Der Papst fordert Gehorsam "nicht nur wegen der angeführten Beweise und Gründe, sondern vielmehr wegen der Erleuchtung des Heiligen Geistes", der die "Hirten der Kirche zur klaren Auslegung der Wahrheit begnadet" (HV Nr.28; 2. Vat. Konzil Konst. über die Kirche Nr.25) und sie, zwar in Ehe-Fragen unerfahren, Widerspruch umgehend als "Angleichung an ihren göttlichen Stifter" empfinden lässt (HV Nr.18).

Da hier eine besondere Erleuchtung beansprucht wird, die jenen, die nicht "Hirten der Kirche" sind, fehle (was man selbst kirchlich gesinnte Mediziner und Biologen wie *Oraison*, *von Eiff*, *Wickler* u.a. spüren ließ), also eine exklusive (von anderen letztlich nicht überprüfbare) Erkenntnis, ist der Verdacht, es liege eine Strategie der Selbstimmunisierung vor, nicht leicht zu entkräften

---

[127] Diese Erkenntnisse liegen schon lange vor: *A. Portmann*, Zoologie und das neue Bild vom Menschen (Hamburg 1956), 63f; *W. Wickler,* Das Missverständnis der Natur des ehelichen Aktes in der Moraltheologie, in *ders.*, Antworten der Verhaltensforschung (Liz.-Ausg. München 1974), 195-215; *ders.,* Die Biologie der Zehn Gebote ([5]1981); *A.W.,von Eiff,* Ins Angesicht widersprochen (Freiburg- Basel-Wien 1998), 88-98. - Interessanterweise erwies sich in der Ethologie inzwischen das bisherige Vorrang-Prinzip Arterhaltung (Zeugung von Nachkommen) ebenfalls als zu grobes und zu simples Schema für die Variationsbreite animalischen Paar- und Familienverhaltens.

(Papst *Johannes Paul II.* erließ gar ein Diskussionsverbot über das Thema), zumal man einwenden kann, der Hl. Geist erleuchte die "Hirten" auch durch Hinweise von Fachleuten (Kirchen-Konst. Nr.37-38).[128]

Das I. Vatikanische Konzil hielt fest, dass Glaube und Vernunft einander nicht widersprechen können noch dürfen. Daher müssten die klassischen Kriterien zur Verpflichtungskraft von Gesetzen auch für als "göttlich" erklärte Gesetze gelten: Gesetze müssen für das Gemeinwohl förderlich und physisch-moralisch (für den Durchschnitt) erfüllbar sein. Moralische Forderungen, die dem Großteil der Christen nicht einsichtig sind und von ihm (wie die Sozialgeschichte ebenso wie der jahrzehntelange Widerstand gegen HV zeigen) nicht befolgt werden, erscheinen wenig sinnvoll.[129]

---

[128] Vgl. *H. Schlögel,* "Humanae Vitae" - nach den Bischofssynoden zur Familie u. "Amoris Laetitia": Theologie der Gegenwart 4/2016, 299-312; *St. Ernst,* Der lange Schatten von "Humanae vitae": Herder-Korrespondenz Spezial 1/ 2017, 17-21. Die kleine Minderheit der päpstlichen Berater-Kommission begrüßte die Position von HV wegen der Lehr-Kontinuität: der Hl.Geist als ´Parteigänger` der rk Kirche könne nicht Mio sündige Seelen fälschlich der Hölle überantwortet haben: *B. Häring*, Meine Erfahrung mit der Kirche (Freiburg-Basel-Wien 1989), 87f

[129] Siehe auch *Knauer,* Handlungsnetze, 147.- Auch der emeritierte Papst *Benedikt XVI.* räumt ein, die naturrechtliche "Argumentationsweise" der sog. Pillen-Enzyklika sei "nicht befriedigend", es fehle "eine umfassendere anthropologische Sicht": Letzte Gespräche (München 2016), 183. Uns erscheint auch (wie z.B. *von Eiff*) die "personalistische Vision" *Johannes` Pauls II.* hier aufs Ganze nicht befriedigend. Man kann fragen, ob *Ratzingers* frühere Kritik (1975) an einem "Naturrechtspositivismus, der aus der vermeintlichen Metaphysik eine theokratische Lehramtsgesetzgebung macht", nicht auch dieses Thema trifft.

2. Die Kirchenleitung glaubt anscheinend, man habe den göttlichen Auftrag, die Menschheit nicht nur zu lehren, sondern auch - durch wirksame Vorkehrungen - vor schweren Sünden zu bewahren. Da in den Gesellschaften zumal im Bereich des 6. Gebotes Unklarheit, Verstrikkung, Leid, Chaos herrschten, hätten sich die "Hirten" der Kirche der ´Sündenflut` entgegenzustemmen, und zwar auf die einfachste Art: durch rigoros vereinfachte Vorgaben (Verbote), die ungefestigte Individuen vor Abwegen bewahrten. So wird heute, Jahrzehnte nach Erscheinen, die Enzyklika *Humanae Vitae* von konservativer Seite aus Gründen der Volkspädagogik als "prophetisch" gefeiert.[130]
Hinzu kommt die Sorge, man könne das Institut Ehe in einem experimentierfreudigen Zeitalter nur retten, wenn ihre absolute Unauflöslichkeit als gottgewollt verkündet und die ´Mission` der Ehe als Institut zur Fortpflanzung herausgestellt werde: schließlich hängen Wohlstand und Überleben der Völker von ihr ab. Die Unauflöslichkeit der Ehe wollte man dem Gros der Gläubigen plausibel machen, indem man die - wenn auch schwache - natürliche Verknüpfung des ehelichen Aktes mit der Zeugungsfunktion herausstellte: Kinder stärken das Band zwischen Ehegatten und erschweren Trennung. Der Hinweis auf das Natur-Band soll die Scheidung als naturwidrig erkennbarer machen.
Menschen mit einfacher Logik, die Differenzierungen und Detailfragen nicht schätzen, dürfte die päpstliche Argumentation überzeugen.
Auch wenn die Enzyklika *Humanae Vitae* "prophetisch"

130 Vgl. *St. Ernst* (a.a.O.), 17-20. Der Ausdruck "prophetisch" kommt entweder aus Perspektiven-Verkürzung oder bildet geradezu ein *fake*-label: die beklagten Missstände, vor denen HV warnt, waren 1968 annähernd so da wie heute (dennoch hat sich die Erdbevölkerung seitdem stark vermehrt).

wäre, weil die Verhütungstechnik inhumane Praktiken erleichtert und vermehrt, heißt das nicht, dass ihre Begründung der Untrennbarkeit von Liebe und Zeugung sachlich richtig wäre. Der Mensch gebraucht seinen freien Willen häufig für schädliche, kriminelle, sündige Handlungen, doch darf man ihm, ist er erwachsen, nicht die Freiheit absprechen und ihn gängeln, sondern muss erzieherisch, mahnend, appellierend auf ihn einwirken. Nur in die Allgemeinheit direkt bedrohenden Fällen wird die persönliche Freiheit eingeschränkt

Die Vertreter der amtlichen Sicht wissen natürlich, dass sie denen, die sie ansprechen, "eine ständige Anstrengung" (HV Nr.21) zumuten, ja "Seelengröße und Opfergeist", die man im Gebet von Gott erbitten möge (Vat.II Kirche in der Welt Nr.49). Sie bedenken dabei wenig, dass es zahlreiche Engpässe, Grenzen, Schicksale gibt, die auch kinderfreudigen Paaren wirksamen Verzicht auf (weitere) Nachkommen regelrecht aufnötigen.
Die Enzyklika *Familiaris Consortio* behauptet zudem, Ehegatten, die die Kopula vom Zeugungswillen trennen, würden ihre Ganz-Hingabe mindern oder unterlaufen, einander sich nicht "ganz" hingeben (Nr.32).
Dieser These widersprechen zahllose einander liebende Eheleute, gerade solche, die grundsätzlich die Elternschaft bejahen. Es gibt gute Gründe, den Familienzuwachs zu begrenzen bzw. hinauszuschieben. Die - vermeintlich - natürliche Begründung, die Kopula diene zur Zeugung und müsse daher in jedem Akt intentional gegenwärtig sein, mindert vielmehr und ver*ding*licht die personale Ganz-Hingabe, indem sie ihr *von außen* (mit einem fachlich anfechtbaren Befund) das Korsett Arterhaltung anlegt und selbst das individuelle Ermessen auf

den winzigen Raum Zeitwahl einengt.[131]
Darf man ernsthaften Ehepaaren, die anders empfinden, öffentlich-indiskret einreden, sie "erniedrigten", wenn sie auch nur zeitweise verhüten, "sich und den Ehepartner" (Fam.Cons. ebd.), als hinge personale Würde von einem einzelnen - zudem mehrdeutigen - biologischen Akt ab? Personale Ganz-Hingabe kann unter Umständen verlangen, dass die Partner, obwohl beide - oder einer von ihnen - ein Kind wünschen, in der *jetzigen* (belasteten) Situation, auf ein Kind *wirksam* verzichten.
Man übersieht, dass Ganz-Hingabe eine seelisch-geistige *Ein*heit wirkt, die zwar zwei Komponenten hat, aber nicht additiv als Doppel oder Zusammenkunft von Zweien zu verstehen ist. Die Einheit der Geschlechter ist erst dann *ganz*, wo sie zu einem vertrauensvollen, verlässlichen *Einklang* gerät, in dem die konkrete Lebenssituation, selbst unter Tränen, angenommen und aufgehoben ist.-

8.3 Statt ´platonische Ehe` Platonismus in der Ehe-Lehre ?

Die vom Lehramt bevorzugte Interpretation der Ehe läuft nicht nur die Gefahr verzerrender, einseitig idealisierender Übersteigerung ehelicher Lebensgemeinschaft.
Man scheint auch das ekklesiologisch-sakramentale Ideal und Vor-Bild Christus-Kirche nach Art einer platonischen Idee zu verstehen - daher die platonische Ausdrucksweise, dass christliche Ehe "teilhabe" an der unlöslichen Verbindung Christi zu seiner "Braut Kirche"[132] -, der das

[131] Dies ist der Kern der Kritik, auf der *F. Böckle* mutig insistierte: *Wandel im Norm-Verständnis*, in: Diakonia Nr.6 (1982), 393f; *Was bedeutet "Natur" in der Moraltheologie?*, in: *ders.* (Hg), Der umstrittene Naturbegriff (Düsseldorf 1987), 66ff

[132] Familiaris Consortio Nr. 20

vergängliche Abbild *sakramentale Ehe* unablässig zustreben soll, als wäre es primär dafür da, ohne eigene, eigenständige, mit dem eng geführten kirchlichen Leitmotiv nicht einfach sich deckende Bedeutung.
Die vom kirchlichen Lehramt im Anschluss an Gen 2,24 betonte eheliche *Ein*heit von Mann und Frau hat *individuellen* Charakter und Eigenwert, geht nicht auf in artgemäßem Verhalten, auch nicht in einem ekklesiologischen Realsymbol. Sie wird nicht selten die Zahl der Kinder (so vorhanden) wirksam begrenzen müssen, um ihre Einheit mit der ihr eigenen Würde leben, sich an ihr freuen zu können, sogar, um sich gegen Versuchungen zu wappnen, sie aufzulösen.
Wir möchten nochmals verdeutlichen: Die Liebe Christi zur Kirche mag für die Ehe von Christen Sinnstiftung bedeuten, doch ist sie *nicht* schon identisch mit der Erfüllung oder dem Ziel ehelicher Liebe. Hier wäre die Engführung des Vor-Bildes zu vermeiden. Es gibt legitime Eigeninteressen und Realisierungsformen christlicher Ehe in einer komplexen Gesellschaft, welche zwar die Liebe Christus-Kirche bejahen, deren Geltungsbereich aber auch begrenzen.
Hier gibt es eine aufschlussreiche Parallele: das Realsymbol der durch Tod besiegelten, von Gott durch Auferweckung beglaubigten Liebe Christi zur Kirche als zu seinem Leib wird auch auf das *Weihe*-Sakrament bezogen: der Priester werde durch die Weihe konfiguriert mit Christus, d.h. er nehme teil an der Liebe des "Bräutigams" Christus zu seiner "Braut" Kirche, die er "mit seinem zölibatären Einsatz ... zum Ausdruck" bringt.[133] Ihm wird deshalb jede Eheschließung mit einer - anderen - Frau als der "Braut" Kirche verwehrt: das käme einer Trennung des Priesters von Christus und quasi einem

[133] Römische *Klerus-Kongregagtion*: Direktorium für Dienst und Leben der Priester (von 1994) Nr.58

Ehebruch gleich.
Das im Epheserbrief gebrauchte Symbol nötige (meint man) zu dieser bedingungslosen Sicht (über den historischen Befund hinaus, dass Jesus ehelos blieb bzw. im besten Heiratsalter starb):
am Kreuz gab er der Kirche sein Ja-Wort!
Beide Lebenseinsätze also, christliche Ehe und priesterliche Existenz, werden an das selbe Vor-Bild - Christi "Lebenshingabe an die Kirche" - gebunden und sollen auf je ihre Weise die Nicht-Auflösbarkeit des Liebes-Bundes, m.a.W. die *un*endliche Gottes-Liebe bezeugen und darstellen.

Vermutlich kommt die strikte Weigerung des kirchlichen Amtes, eine Ehe-Scheidung und Wiederheirat zweier katholischer Christen auch unter tragischen Umständen anzuerkennen, bzw. die Lockerung, gar Aufhebung des Pflichtzölibates für geweihte Priester trotz gravierenden Personalmangels auch nur zu erwägen,[134] aus der gleichen Quelle. Maßgeblich dürfte weniger Jesu Hinweis auf den Schöpferwillen bezüglich Ehe sein als das Gewicht des im Epheserbrief gebrauchten Sinnbildes von Christi *gekreuzigter* Liebe zur Kirche als seiner "Braut".
Wer um das göttliche Geheimnis "Kirche" (trotz menschlicher Defizite) weiß, wird das Realsymbol des Epheserbriefs bejahen und schätzen. Vom Kreuz Christi gehen starke Antriebe für christliche Existenz aus.
Aber der Verfasser gibt der Ephesus-Gemeinde zunächst eine *situative* Weisung, einen spirituellen Impuls. Diesen zu verallgemeinern und zu einem Ideal nach Art einer platonischen Idee zu erheben, das Eheleute anstreben und (mit Gottes Hilfe) erfüllen sollen, ist ein zusätzlicher

[134] Ergänzend: *K. Fischer*, Vom Zeugnis zum Ärgernis? Anmerkungen und Thesen zum Pflichtzölibat (Wiesmoor 2011)

Schritt.
Betrachtet man die gelebte Realität im Kontext heterogener Milieus und Lebensbedingungen, ist das Leben nach diesem Vor-Bild für viele Christen mit großen, nicht nur selbst verschuldeten Problemen behaftet. So stellen sich ernste Fragen zu Tauglichkeit und Grenzen dieses Vor-Bildes als Maßstab, die nicht schon durch "Seelengröße und Opfergeist" eine Antwort finden.

8.4 Vom Willen Gottes und vom Recht auf das Nicht-Allgemeine

Problematisch wirkt sich das Verständnis dieses Ur-Bildes und Vor-Bildes dann aus, wenn es so gehandhabt wird, dass es Eigenständigkeit, Eigenwertigkeit, Selbstzwecklichkeit, gleichsam die *Individualität* einer Ehe, eines Paares gleichsam aufsaugt, indem vorrangig die Entsprechung zum Vor-Bild gemessen und bei Konflikten zum Ausschlag gebenden Maßstab wird.
Wie die geschichtliche Skizze verdeutlichte, krankt abendländisch-theologisches Denken an erheblicher Unterbewertung des Individuellen.
Wer, systematisch denkend, das *Ganze* im Blick hat oder in den Blick nimmt, neigt dazu, das Individuelle geringzuschätzen, ja als störend, gar gefährlich zu empfinden. Ideen, Ideale und Theorien billigen dem *Allgemeinen* ein Übergewicht vor dem Individuellen wie selbstverständlich zu.
Da sie das Übergewicht als Mangel empfanden, intervenierten Denker jüdisch-christlicher Herkunft prophetisch im Sinne der *Achtsamkeit für das menschliche Individuum und individuelle Schicksal.*
Dabei erinnern sie, dass für Jesus in den Evangelien die einzelnen Menschen (als Glieder Israels!) im Focus der Aufmerksamkeit stehen und er Gesetz und Gebote nicht

als unwichtig, aber als nachrangig vor individuellem Schicksal wertet. Umgekehrt halten ihm, auch den Jüngern, seine *Gegner* wiederholt individuelle Verstöße *gegen Gesetz* oder *Regel* (z.B. Fasten) vor, eine sich häufende Kritik, deren Summe ihn am Ende das Leben kostet (vgl. Joh 19,7).
Exemplarisch für seine und Gottes Denkart ist der Ruf "Der Sabbat ist für den Menschen da, nicht der Mensch für den Sabbat" (Mk 2,27).

Die Evangelien zeigen, wie schwer sich Menschen tun, Normen, Gesetzen, Maßstäben zu genügen, wie stark dagegen die Tendenz der Guten oder sich für gut Haltenden ist, Gesetze, Normen als Waffen zu verwenden, um Schwächere, Abweichler, "Versager" zu verfolgen, auszugrenzen, im Lebensrecht zu beschneiden. Da die Gedrückten, Geplagten Erbarmen brauchen, wendet Jesus seine Sorge vorrangig ihnen zu: "Nicht die Gesunden brauchen den Arzt, sondern die Kranken" (Mk 2,17 Par).
So wäre ein neues Denken einzuüben, das bei christlichen Eheleuten, ähnlich bei vom "Junktim" überforderten Priestern - beide berufen, Christi unverbrüchliche Liebe zur Kirche zu bezeugen -, nicht einfach voraussetzt, Gott werde bei genügendem Glauben und Gebet den Dauer-Spagat vom "Fleisch" zum Ideal vollenden; wo nicht, sei (zu sanktionierender) Kleinglaube schuld.
Was Menschen, wie die Evangelien sie sehen, was auch Eigenwert und Eigen-Sinn ihres Daseins offenkundig kaum gerecht wird, ist eine Art Erfüllungs-Garantie, die man ihnen abfordert.
Angebracht wäre es, zu prüfen, wie die Dinge für die Menschen gelaufen sind, wie ihr Eheleben unter erwarteten und unerwarteten Belastungen sich entwickelte (oft unter Umständen, für die sie nichts können) und, auch bei Schuld, mit ihnen zu schauen, was jetzt möglich ist, wie es weiter gehen kann, was ihnen weiterhilft.

Viele Christen haben ein feines Gespür, welch theologisch-pastorale Haltung ihrer Situation, die sie genau kennen, gerecht wird oder wo, im Gegenteil, Normen, in Krisen leicht wie Fremd-Etikette empfunden, verständnislos an sie angelegt werden.
Nichts ersehnt jeder Mensch so sehr, zumal in schwieriger Lage, als verstanden und angenommen zu werden.

Grundsätzlich sieht, Jesu Zeugnis vor Augen, das Kirchenrecht seit je die Rettung der Menschen (*salus animarum*) als höchsten Maßstab (*suprema lex* CIC Nr. 1752).[135]
Es geht nicht - wie enttäuschte Gesetzeshüter beredt klagen - um die Zulassung des *laissez faire*. Unbestreitbar gibt es für getaufte Christen Forderungen und Normen, damit sie das Ziel vor sich sehen, das Richtbild gewinnen, in Bewegung kommen: sie sollen reifen, Erwartungen der Mitmenschen wie der Glaubensgemeinschaft kennen, ihre von Gott in Christus offenbarte Berufung begreifen und annehmen lernen.
Hergebrachte kirchliche Moral, wie sie in amtlichen Lehrschreiben und pastoralen Anweisungen auftritt und häufig praktiziert wurde und wird, sieht und behandelt sogenannte Gescheiterte gern generisch (als generische Individuen), statt individuell. Sie individuell anzusehen müsste bedeuten, ihren ehelichen und familiären Kontext einzubeziehen. Man beachtet nicht oder zu wenig, dass Beziehungen zwischen Partnern (erst recht mit Kindern) fließende, sog. "weiche" Realitäten sind; die Individualität der Partner nicht starr-unbeweglich ist, sondern sich fortlaufend vom jeweiligen Gegenüber her verändert, neu bestimmt: entweder weicher oder härter wird und

---

[135] Vor diesem Horizont fällt auf, dass "Familiaris Consortio" in den Abschnitten, die den kirchlichen Umgang mit Katholiken in "irregulärer" Situation behandeln (Nr.82.84), das *forum internum* nicht einmal andeutet.

unter Umständen, wenn keine Ehe-Therapie stattfand oder half, sich erst in der Beziehung zu einem neuen Partner neu findet und erst dann die Aufarbeitung der gescheiterten Ehe oder Familie möglich wird.[136]

Denn sie sollen einmalig sie selber sein, sie selber werden und sich daran freuen dürfen, weil dies mit zu ihrem Lebensgeschenk gehört.

Wenn man sich einmal fragt, weshalb der Vater in Jesu Gleichnis den ausgebrochenen, seine Freiheit suchenden, mit ihr experimentierenden, auf die ´schiefe Bahn` geratenen, am Ende ausgelaugten, aber reuigen Sohn so überaus freudig aufnimmt und mit einem Fest willkommen heißt, der gehorsam-eifersüchtige ältere aber, der Situation nicht gewachsen, blass bleibt, darf man die Reaktion des Vaters wohl auch als freudigen Stolz sehen über seinen Jüngsten, der sich als ´ganzer Kerl` bewies, sein Leben wagte und sich gleichzeitig fähig zeigte, Fehler, Schuld und Konsequenzen vor sich selbst wie vor dem Vater unverblümt einzugestehen. Er weiß, er hätte Degradierung verdient - doch zuteil wird ihm ein Fest.

So wie die komplexe Welt nun einmal ist, kommt es immer wieder - Mensch-sein wie Christ-sein betreffend - zu Spannungen, Konflikten, zu Ausbrüchen, geraten Menschen in Sackgassen oder auf Wege, die nicht zum Ziel führen. Oft gleichen sie Kindern im Verkehrsgewühl, die, statt den Zebra-Streifen, einen direkteren Weg zur anderen Straßenseite suchen und unter Angst und Schrecken, vielleicht mit Prellungen und Tadel (wenn es noch gut geht) den Gehsteig erreichen. Steht da ein Schutzmann, wird er sich ihrer freundlich annehmen, sie aber auf die Lebensgefahr aufmerksam machen, der sie sich unüberlegt ausgesetzt hatten. Doch wird er, da er weise ist, verstehen, dass es nun einmal mehrere Möglichkeiten gibt, die Straße zu überqueren.

---

[136] Näheres dazu bei *Stierlin*, a.a.O., 31-49).

Kirchlicher Sprachgebrauch formuliert gern abkürzend: "Jesus verkündete den Willen Gottes".
Doch unwillkürlich verlegen die Lehrer den Willen Gottes nur ins *Allgemeine,* in das Menschsein und Christsein überhaupt.

Wo nötig, erklärt Jesus die Gebote und Gottes Erwartung an Israel unmissverständlich. Doch akzeptiert er *Menschen*, die eine andere, abweichende Entscheidung trafen, damit in die Bredouille gerieten, Hilfe suchen und ihr Leben - vom Punkt der Begegnung aus - neu anfangen wollen. Ihr Gewissen verband und verbindet sie mit Gott. Man denke an *Zachäus*, an die *Ehebrecherin*, an die Frau am *Jakobs*-Brunnen, den eben erwähnten jüngeren *Sohn*, an die mehrdeutige Gestalt des *Blindgeborenen*, die ihr Leben neu beginnen, aber *nicht vom Nullpunkt* aus!
"Das Wort Gottes spricht den Menschen an in seiner persönlichen Existenz ... und beruft ihn zur Freiheit".[137] Zugleich beruft es seine Freiheit auch zu liebendem Dienst an den Nächsten,[138] geleitet durch das Zehngebot.

Das Doppel erinnert an *Martin Luthers* bekannte Formel, der Christ sei "ein freier Herr über alle Dinge und niemandem untertan", gleichzeitig aber "ein dienstbarer Knecht aller Dinge und jedermann untertan".[139]
Der erste Teil des Satzes betont die Rechtfertigung allein aus Glauben, der zweite schärft gegen die Versuchung des Quietismus ein, dass Leib-Gebundenheit und Gemeinschaft mit anderen Menschen Zucht und Arbeit, also Anerkennung vorgegebener Schöpfungsnormen verlan-

---

137 *R. Bultmann*, Jesus und die Mythologie (Hamburg 1965), 43f

138 *R. Bultmann*, Jesus (Liz.-Ausg. München-Hamburg 1964), 78; s.a. *Häring* (a.a.O.), 83

139 Von der Freiheit eines Christenmenschen 1

gen, weltliche Werke zu tun auch ohne rechtfertigende Kraft.

Entscheidend ist in christlicher Sicht, den Menschen individuell nicht nur als ein beliebiges Exemplar des Mensch-Wesens unter vielen zu erkennen, sondern als einen in Freiheit auch zu sich selbst und zur Selbstgestaltung Berufenen, dem die allgemeinen Normen als Orientierungs*hilfe* dienen.

9. Das Signal von "Amoris Laetitia"

Deshalb will das Nach-Synodale Schreiben *Amoris Laetitia* (von 2016)[140] neu ansetzen. Es trifft eine theologische und pastorale Unterscheidung, die in so eindeutiger, folgenreicher Form neu ist: "Den Hirten obliegt nicht nur die Förderung der christlichen Ehe, sondern auch die ´pastorale Unterscheidung der *Situationen* vieler Menschen, die diese Wirklichkeit nicht mehr leben`" (Nr.293). "All diese Situationen" - der Kontext meint Christen, die ohne staatliche oder kirchliche Eheschließung zusammenleben - "müssen in konstruktiver Weise angegangen werden", ähnlich wie Jesus selbst es tat vor der Samariterin: "Er sprach ihre Sehnsucht nach wahrer Liebe an, um sie von allem zu befreien, was ihr Leben verfinsterte, und sie zur vollen Freude des Evangeliums zu führen" (Nr.294). Theologen, Seelsorger müssten "die Komplexität der verschiedenen Situationen" berücksichtigen; Gottes barmherzige Liebe sei "immer unverdient, bedingungslos und gegenleistungsfrei" (Nr.296). Um Christen, die in "irregulärer" Situation leben, zu weiteren Schritten in Richtung der christlichen Berufung zu helfen, sei es nötig, "die göttliche Pädagogik der

[140] Dt. Übersetzung nach https://w2.vatican.va/content/francesco/de/apost_exhortations/documents

Gnade in ihrem Leben offen zu legen" (Nr.297). Das gelte auch für manche Wiederverheiratet Geschiedene in "einer zweiten, im Laufe der Zeit gefestigten Verbindung, mit neuen Kindern, mit erwiesener Treue, großherziger Hingabe, christlichem Engagement, mit dem Bewusstsein der Irregularität der eigenen Situation und großer Schwierigkeit, diese zurückzudrehen, ohne im Gewissen zu spüren, dass man in neue Schuld fällt" (Nr.298).
Für Menschen in vielfältig-komplexen Situationen gebe es keine Patentrezepte. Man müsse sehen, "dass die Konsequenzen oder Wirkungen einer Norm nicht notwendig immer dieselben sein müssen" und dürfe nicht mehr ungeprüft behaupten, "dass alle, die in irgendeiner irregulären Situation leben, sich in einem Zustand der Todsünde befinden und die heilig machende Gnade verloren" hätten (Nr.300-301). Das eigene "Gewissen der Menschen" sei nachhaltiger in die Pastoral einzubeziehen (Nr.303). Ausdrücklich wird an *Thomas von Aquin* erinnert: wer von der Klarheit des Allgemeinen auf spezifische Situationen schließt, macht leicht Fehler, weil allgemeine Normen "unmöglich alle Sondersituationen umfassen" (Nr.304).
Die Diskussionen auf den beiden römischen Sondersynoden zu Ehe und Familie ließen nach jahrzehntelangen Auseinandersetzungen um die traditionelle Ethik im Brennpunkt von Ehe und Familie das eigentliche Problem erkennen. Problem war der *Rang des individuellen Gewissens*.
Die traditionelle Ethik bestritt dem Gewissen die Eigenständigkeit gegenüber sittlichen Weisungen der Kirche: es galt (sofern recht gebildet) als Anwendungsorgan der objektiven Gesetze.
Papst *Johannes Paul II.* bekräftigte noch in der Enzyklika "Veritatis Splendor", das persönliche Gewissen wende das Gesetz "auf den Einzelfall" an (Nr.59).

Zuvor aber, am II. Vatikanischen Konzil, in der zentralen Aussage über das Gewissen, wurde eine zuerst vorgesehene, gleichsinnige Aussage ersetzt durch eine zurückhaltendere: das "rechte Gewissen" enthalte sich "blinder Willkür" und *suche* "sich nach den objektiven Normen der Sittlichkeit zu richten" (Kirche in der Welt Nr.16).

Behutsam deutet man die Möglichkeit an, das persönliche Gewissen könne in Einzelfällen von der allgemeinen Norm abweichen und ein seinem Gewissen folgender Mensch mache sich auf seinem Sonderweg nicht - wenigstens nicht grob - schuldig.[141] Behutsam tastend suchte man, dem individuellen Gewissen ein - begrenztes - Recht zuzugestehen.

Dieser Auffassung neigten nun die Mehrheit der Bischöfe auf den Sondersynoden wie auch Papst *Franziskus* zu. Sie schlug sich in der Enzyklika *Amoris Laetitia* nieder.[142] Sie scheint in Einzelfällen Epikie auch bei göttlichen Normen für möglich zu halten. Menschen, die sich schwertun, "das göttliche Gesetz völlig in ihr Leben umzusetzen", sollten eingeladen werden, "den Weg der Liebe zu beschreiten", die Vorrang-Norm für Christen (Nr.306). Es sei auf "Wachstumsstufen" zu achten, die Gottes Geist in Menschen hineinlege (Nr.308), statt zuerst auf persönliche Schuld, die subjektiv gering sein könne oder gar nicht spürbar, auch wo jemand objektiv im Zustand der Sünde lebt (Nr.305). Der Beichtstuhl dürfe keine Marter und der Empfang der Eucharistie könne "ein großzügiges Heilmittel und eine Hilfe für die Schwachen sein" (Anm.351).

Eine konsequente Öffnung, die Verschiedenheit und

141 Das war nach "Humanae Vitae" die Position der deutschen (*Königsteiner* Erklärung) und österreichischen Bischöfe (*Maria Trost-* Erklärung), wie später auch die der drei Oberrheinischen Bischöfe.

142 *Schlögel* (a.a.O.), 301-305

Komplexität individueller Lebenssituationen achtet, die eine differenzierte Prüfung, statt unbesehene Gleichmacherei, verlangen.
Viele traditionell Geschulte tun sich mit dieser Wende schwer. Doch nach *Nicolaus Cusanus* (und *Leibniz*) ist alles, was Menschen tun oder nicht tun, in Gottes Vorsehung "impliziert". Diese ist aber ein Aspekt seines bedingungslosen Ja zu seinem Geschöpf. Es gilt (mit *H. Alphonso*) anzuerkennen, dass Gott, wenn er manche ihrer Taten missbilligt, die Menschen genau darin unbe--dingt akzeptiert. Gott liebt die Menschen nicht allgemein und abstrakt, sondern individuell und persönlich als Söhne und Töchter, die ihre Geschichte hinter und vor sich haben. ER kennt und ruft sie mit Namen, führt sie unverlierbar an seiner Hand und hat für jede und jedes einen neuen Namen *in petto*, der ihm einmal verliehen und offenbart werden soll (Joh 10,3. 25-30; JohApk 2,17).
Die amtlichen Diener der Kirche sind berufen, Gott hierin fühlbar zu bezeugen.
Ein Mensch und Christ ist zudem nicht nur das, was er von sich weiß und sagen kann. Das Resultat vieler Jahre verdankt sich auch den Impulsen seines "Selbst", die sich ahnungsvoll in die Individuation mit einbringen und vom *Ich* (kritisch) integriert sein wollen. Freiheit wie Kontrolle der Lebenspartner über ihr individuelles Sein, folglich auch das Schicksal ihrer Ehe ist stets beeinflusst und mit bestimmt durch die Auseinandersetzung zwischen dem "Schatten", der "Persona" und dem "Selbst". Beachtenswert das kritische Urteil eines Tiefen-Psychologen: offizielle christliche Ethik sei - im Gegensatz zur Ethik Jesu - nie über die desintegrierende, dualistische Spaltung hinausgekommen, da sie Mensch und Welt vereinfachend in den oberen, guten und den unteren, schlechten Teil zerfällte und im inneren wie im äußeren

Bereich primär auf Abspaltung, statt auf Integration drängte.[143]
Eine der wichtigsten Aufgaben innerhalb der "Annahme seiner selbst" ist Annahme des "dunklen Bruders", des ´Bösen`, des "Sünders" in einem selbst, der zwar in Schach gehalten, unterstellt werden soll seinem ´Herrn`, dem bewussten und gewillten Ich, der jedoch von Zeit zu Zeit entkommt und so das Ich nötigt, sein Ideal-Ich bescheidener zu fassen: gläubig, fromm, an Gott hängend, doch immer sündig zugleich - ein unheiliger Heiliger. Hier zeigt Jesus sich als Seelsorger schlechthin. "Gerecht und Sünder zugleich" ist zunächst eine psychologische Tatsache. In *diesem* Sinn soll der Mensch in Annahme seiner selbst auch seinen "dunklen Bruder" zulassen und integrieren (statt abspalten).
Darum ergänzten manche jüdische Chassidim das Gebot: "Liebe deinen Nächsten (hebr. *re'acha*) wie dich selbst" durch das fast gleichlautende "Liebe dein Böses (hebr. *r`acha*) wie dich selbst": das Böse im Menschen als sein ´Allernächstes`.
"Gott schreibt auch auf krummen Linien gerade", sagt eine vom Dichter *Paul Claudel* zitierte Redewendung.
Man darf es getrost auch von den Menschen selbst sagen: auch sie schreiben selbst auf krummen Wegen ihrer Biographie gerade, wofern sie nur Gott im Auge behalten oder zu ihm zurückfinden, selbst auf krummen Bahnen Ausschau halten nach ihm wie jener jüngere Sohn.
Das Böse und Krumme im Menschenleben meint hier vor allem Ethischen die Leidenschaften und die - im Sinne offizieller Moral - anstößigen, unklaren, unbeherrschten Regungen, die ungezähmt eine wahllos vordergründige Ich-Befriedigung favorisieren. Wie damit umgehen und zugleich Gott im Blick haben?

---

143 *E. Neumann*, Tiefenpsychologie und neue Ethik (TB Frankfurt/M. [7] 1999), 92f

In seiner Erzählung "Der Abgrund"[144] versetzt sich der Dichter *Reinhold Schneider* in die inneren Konflikte des *Ignatius von Loyola*. Der nach seiner schweren Verwundung fromm gewordene Pilger *Iñigo* will sich ganz Gott zur Verfügung stellen, bekommt jedoch in Manresa schwere Skrupel, die ihn an den Rand des Suizids führen. Der Teufel erklärt ihm, er selbst, der Teufel, lauere im Abgrund der Demut, und jeder Schritt *Iñigos* in Richtung seiner vermeintlichen Berufung werde der Ausbreitung der Sünde dienen; seine Freunde und Schüler würden sich "überall auf dem schmalen Weg zwischen der Sünde und der Vergeblichkeit" bewegen, und er, *Iñigo,* werde mit dem Dienst, den er Gott und Menschen erweisen will, gleichzeitig den Verrat an seiner Sendung fördern.
Iñigo begreift: der Abscheu vor diesen Folgen und die Verzweiflung über die Mischung des Bösen mit der Gnade auf dem künftigen Weg wäre der wahre Selbstmord, wäre Sturz in jenen Abgrund, dessen Name Satan ist. Doch da die "Fußspur des Herrn" mitten durch die Welt geht und diese zur Materie der Sakramente wurde, darf der Pilger seinen Weg weiter gehen in der Haltung gläubigen Gleichmuts (Indifferenz). Er weiß, dass die Stimme der Schlange weiter zu ihm und zu allen an seinem Weg sprechen und so "ein Schatten in seinem Herzen" bleiben werde. Doch "sein Gesicht blieb heiter, während er weiter schritt; er wollte sich nicht täuschen über die Gewalt der Stimme, aber er fürchtete sie nicht".
Diese hart erkämpfte Zuversicht des Pilgers darf getrost auch als die Hoffnung der Christen gelten, deren Weg durch diese Welt nicht anders als "gerecht und sündig zugleich" sein kann.
Mit seiner hell-dunklen Seite wird der Mensch ansatzweise gar zu einem Spiegelbild Gottes, dessen Ambiva-

---

[144] In: *R. Schneider,* Die dunkle Nacht - Erzählungen (TB Freiburg-Basel-Wien 1961), 49-81

lenz (der "dunkle Gott")[145] in der Bibel und in der Glaubensgeschichte immer wieder empfunden wurde und sich im Theodizee-Problem niederschlug.

Mit Grund also erinnert die Enzyklika an die uneindeutige Komplexität von Biographien. Sie sind komplex, da *Leben* Fluss ist und damit geartet wie ein Chaos-System. Moralische Urteile suchen unvermeidlich das Leben anzuhalten, *fest*zustellen, während es immer schon weiter ist und durch ungezählte Rückkopplungen an Komplexität unausgesetzt zunimmt. Lebensgänge, auch mit Schuld vermischt, können nur individuell aufgenommen und mit Integrationswillen ernst genommen werden: als unaufhörlich sich selbst überholende *Suche* (so das Konzil) nach dem Richtbild, das aber immer wieder entgleitet und unscharfe, wechselnde Konturen zeigt. Als Horizont-Linie erscheint hoffnungsvoll der von Jesus eröffnete, Menschen freundliche Gott.[146]

Manche Kardinäle sehen "Amoris Laetitia" kontrovers: Für Kardinäle wie *Caffarra* oder *Müller* sind Aussagen dieser Enzyklika "unklar"; so gelte die alte Regel, dass sie nach bisheriger Lehre zu interpretieren seien. Für Kardinal *Schönborn* aber ist die traditionelle Lehre im Licht von *Amoris Laetitia* neu zu lesen.

---

[145] Näheres zu diesem Thema s. z.B. *K.P. Fischer/H. Schiedermair,* Die Sache mit dem Teufel (Frankfurt/M. 1980), Exkurs: Der Teufel u. der "liebe Gott"; *K.P.Fischer*, Der Mensch vor dem dunklen Gott (Wiesmoor [2]2016)

[146] Die lutherisch-katholische Studie "Gott und die Würde des Menschen" (2017) ermuntert die kath. Seite, "nicht nur klare Prinzipien aufzustellen, sondern sich auf die Mühen der Urteilsbildung in schwierigen Abwägungen einzulassen, die nicht nach dem Muster gut oder böse zu ordnen sind": *Th. Söding*, Wider die Scharfmacher, in: Herder-Korrespondenz 7/2017, 30

Caffarra hat insoweit (formal) Recht, dass Unklarheiten sich als neue Lesebrille nicht eignen. Das neue, Kontroversen auslösende Schreiben von Papst *Franziskus* wird aber klar und verständlich, wo die gewohnheitsmäßige Wesensethik ergänzt wird durch eine existential-ethische Sicht, welche die einmalige Individualität von Menschen auch in Verstrickungen als von Gott akzeptiert ernst nimmt.

Kardinal *Kasper* übersetzt das alte scholastische Axiom *Die Gnade setzt die Natur voraus, erhebt und vollendet sie* in die Moderne wie folgt: "Die Gnade setzt die Natur und die Freiheit voraus".[147] Vielleicht kann man noch schärfer zuspitzen: *Die Gnade setzt die Natur und das Selbstwerden voraus, erhebt und vollendet beide.*

Viele Amtsträger, nicht bloß Kardinäle, auch sich modern dünkende Theologen kritisieren die Ehe-Enzyklika dennoch, weil sie nicht eindeutig zur Sache spreche, nicht klipp und klar sage, ob Geschieden Wiederverheiratete "dürfen" oder "nicht dürfen", d.h. zu den Sakramenten zugelassen sind oder ausgeschlossen bleiben. Sie fordern eine übersichtlich-unmissverständliche Entscheidung des Papstes auch hinsichtlich der kirchlichen Lehre: veränderlich oder unveränderlich?

Solche Leute hängen an einer einäugigen, d.h. auf Wesensethik bezogenen Anthropologie. Menschen und Schicksale sind aber individuell: Menschen, die sich scheiden, und die, die wieder heiraten, fällen eine individuelle, persönliche Entscheidung, die *als* diese noch nicht da war, somit individuell-einmalig ist und die sie trotzdem vertreten, auch aus ihrem Gewissen.

Sie bringen oder brachten also mehr Mut auf als jene Bischöfe und Seelsorger, die eine allgemeine Direktive fordern, damit Rat suchende Gläubige und geistliche

[147] Zit, von *M. Striet*, Herder-Korrespondenz 2/2017, 16

Ratgeber nicht lange suchen müssen. Am einfachsten - doch für die ihr anvertrauten Gläubigen am schwersten - macht es sich eine Bischofskonferenz (wie die polnische[148]), die einfach erklärt, die Enzyklika habe an der bisherigen Lehre nichts geändert.
Auf jeden Fall beweist Jesus in den Evangelien häufig Zivilcourage und scheut nicht das Verdikt "bei einem Sünder ist er eingekehrt!", als er sich bei dem Oberzöllner *Zachäus* zu dessen Freude selbst einlädt, woraufhin dieser, voll Freude und Mut über soviel barmherzige Zuwendung, von selbst auf ihn zukommt mit der Zusage, von jetzt an sein Leben zu ändern und Gottes Wort ernst zu nehmen (vgl. Lk 19,1-10).

10. Einzel-Schicksale und (kirchliche) Gemeinschaft

Bewogen von Begegnungen mit Menschen und Erfahrungen ihres persönlichen Schicksals, aber auch motiviert von *Kierkegaards* scharfer Verteidigung der einzelnen Existenz gegen ein totalitäres, das Individuum vereinnahmendes System ficht der tiefenpsychologisch arbeitende Theologe *Eugen Drewermann* u.a. für einen einzigartigen, ja absoluten Vorrang der Gottesbeziehung des Einzelmenschen vor Kirche, Ethik und Politik.
Bei aller Bedeutsamkeit dieses - *im Ansatz* hier geteilten - Anliegens erhält dort die unhintergehbare kommunitär-gesellschaftliche Einbettung des Individuums Mensch vielleicht zu wenig Gewicht. Die Dialektik dieser Bezüge und das stets gesellschaftlich Vermittelte, das auch tiefe persönliche Einsichten und Reaktionen trägt, werden wohl zu wenig beachtet.
Die von *Guardini* thematisierte "Annahme seiner selbst" ist, auch wenn nicht auf der Hand liegend, ein ebenso

---

[148] Laut Meldung in der Wochenzeitschrift Christ in der Gegenwart Nr.25 (2017), 274

subjektiver wie relationaler, interpersonal bedingter Prozess.
Entsprechendes gilt wohl für archetypische Symbole und Bilder, die nach fachlicher Erkenntnis nicht nur angeborenes Sondergut der Individuen sind, sondern schon beim Kind untrennbar und prozesshaft mit der soziokulturellen Umwelt verbunden.

Die im Vorangehenden herausgestellte, einzigartige Bedeutung der einzelnen Person und ihres einmaligen Gottesverhältnisses bedarf noch der grundsätzlichen Einordnung in biblisch begründete Anthropologie. Die von Papst *Franziskus* in "Amoris Laetitia" hervorgehobene Barmherzigkeit auch für Menschen in irregulären Einzelschicksalen ist durchaus kommensurabel mit individueller, elementarer Erfahrung für Aufgang und Stiftung von Gemeinschaft.
Sie sei im Grundriss hier skizzenhaft an den Schluss gestellt, in der Annahme, dass die Akzente der Enzyklika sich aus der folgenden Darstellung - per *Transfer* - unschwer ergeben.

11. Soziale Gotteserfahrung als Aufbruch vom Tod zum Leben

Als zentrale göttliche Forderung gilt die Weisung "Liebe deinen Nächsten (Nachbar, Volksgenosse, Mitmensch) wie dich selbst!" (Lev 19,18.34; Mk 12,31 Par).
Nicht nur *Sigmund Freud* fragt "warum sollen wir das?"
Die biblische Forderung nennt als Grund: "ich (bin) JHWH".
Übersetzt man, wie meist, JHWH mit "Herr" oder "Gott", bleibt die Begründung undeutlich (´Gott will es so`?).
Geht man aber der Nennung JHWH auf den Grund: die Selbst-Vorstellung Gottes in de r Mose-Berufung, ergibt

sich: Gott als JHWH ist der, der sich das Leid des Volkes angehen lässt, der Hilfe und Helfer sendet, *mit* Mose und dem Volk ist und sein wird, der aus Not und Bedrückung führt, dem Volk ein Land schenkt und ein Grundgesetz, das JHWH`s Erbarmen und Befreiungstat spiegelt. Als Sein Volk soll es JHWH-gemäß leben und ihn bezeugen (vgl. Ex 3,7-17; Hos 1,9; 11,5; 13,4; Jes 49,6).[149]

Der Zusatz "wie dich selbst" entspricht der griechischen Übersetzung (Septuaginta und NT); das hebräische *kamócha* wird von Juden gern übersetzt: "er (der Nächste) ist wie du", nämlich "Fleisch", d.h. schwach, hilfsbedürftig, allein nicht lebensfähig, doch zählt er vor JHWH ebenso wie du.

Die folgende Skizze will biblische Gotteserfahrung elementar erhellen: als Grundlage des Gebotes der Liebe zum Nächsten.

Es handelt sich um ein idealtypisches Modell, aus Zeugnissen des AT anhand von Indizien und sprachlichen Beobachtungen erhoben.

Es geht von der Einsicht aus, dass die Bezeichnung 'El vorab die örtliche Gottes-Erfahrung und Gottes-Verehrung von halb-nomadischen Sippen oder Gruppen spiegelt, die, allmählich sesshaft geworden, 'El an verschiedenen lokalen Heiligtümern in Kanaan erfuhren und verehrten.

Später führte die von der Mose-Gruppe getragene Exodus-Überlieferung zur Verschmelzung der 'El-Erfahrungen mit der Jahwe-Erfahrung, indem die Zuwanderer sich mit den Eingesessenen vereinten und die Geeinten ihre neue Identität damit ausdrückten, dass sie in Jahwe 'El

149 Vgl. z.B. *M. Buber*, Moses (Heidelberg [3] 1966), 47-67; *A. Deissler*, Die Grundbotschaft des AT (Freiburg-Basel-Wien 1995/2006), 62-65

wieder erkannten oder Jahwe als neue, vertiefte 'El-Erfahrung interpretierten.[150]
Das folgende Modell ist nicht an eine bestimmte Epoche (etwa Frühzeit) Israels noch Verfassung (Sippe, Stamm, Staat, Volk) gebunden; die darin skizzierte Erfahrung steht jeder Zeit offen. Doch lässt sich der Zusammenhang eindrücklich in den Kriegs-Ereignissen mit den Philistern studieren: am Zerfall Israels nach der Schlacht am Gebirge Gilboa, an seiner Neu-Findung und Neu-Gruppierung um *David* bis zu dessen Sieg bei Jerusalem (1Sam 31-2Sam 7).[151]
Man muss sich vor Augen halten: in Israel, überhaupt im Alten Orient galten Kriege (Verwüstung, Massaker, Niederlage) als Aspekte und Einbruch des Chaos so wie Dürre (Wüste), Flut, Finsternis und Tod. Katastrophen haben viele Gesichter, bringen einen oder mehrere Aspekte zum Ausdruck.
Von einem Unglück Betroffene finden sich *plötzlich* in einer Ausnahme*situation* wieder. Natürliche, spontane Reaktionen sind Schock, Erstarrung, Resignation, Panik (Hin-und-Her-Laufen, Schreien), Flucht ("Rette sich, wer

---

150 Der Gehalt der 'El-Erfahrung, mit der JHWH-Erfahrung verschmolzen, kann auch die Entwicklung des strikten Monotheismus in Israel verstehen helfen, wobei Davids Bekehrung (nach 2Sam 7) und die Befreiung aus dem Exil geschichtliche Marksteine bilden. Zu den Grundlinien der komplexen glaubensgeschichtlichen Prozesse: z.B. *Cazelles,* La Bible et son Dieu (Paris 1999), 23-78; *A. Deissler* (a.a.O.), 36-41

151 Für das Folgende verdanke ich wesentliche Anregungen und Einsichten den Darlegungen von *Hermann Seifermann* (München), die er in langjähriger Lehr- und Forschungstätigkeit am AT gewonnen u. ausgearbeitet hat. Siehe dazu *H. Seifermann*, Die Entdeckung Gottes in der Bibel (Wiesmoor ²2016); *ders*., Wie heute von Gott reden? (Wiesmoor ³2013).

kann!" - bis zum Suizid). Das bisherige Miteinander – zufällig oder gewachsen – löst sich auf, zerfällt. Verlust von Gemeinschaft, aus Erfahrung wohlbekannt, gehört zu den schrecklichsten Aspekten des Unglücks..

Es kann aber auch – ausgehend von der Wahrnehmung „Wir alle sitzen miteinander in einem Boot“ – die umgekehrte, gegenläufige Verhaltensweise entstehen und sich fort-zeugen.

Das früher erwähnte KZ-Zeugnis von *Viktor Frankl* wie auch der in ihrem Tagebuch "Das denkende Herz" dokumentierte Umkehr-Prozess der ungläubigen Jüdin *Etty Hillesum,* die sich vor dem KZ hätte retten können (und, nach Ansicht von Freunden, auch sollen), geben davon eine Ahnung.

Die folgenden menschlichen Reaktionsweisen lassen sich auch biblischen Vokabeln zuordnen.

Statt auseinander zu fliehen („Rette sich, wer kann!“), sehen die Menschen, betroffen, einander an, spüren: sie gehen einander an, lassen sich einander angehen (*hithallëk*), wenden sich einander zu (*pänäh → pānim*), sind, statt *durch*einander, *mit*-einander (*‘im, ‘immānu, 'ām*), stellen sich der Situation, stehen nun *zu*einander (*'āmád*), nehmen einander an (*lāqách*), tragen einander (*nāsá’*), gehören einander zu eigen (*šämá‘*).

Im Blick auf die von Natur aus nahe liegende Flucht besagt das gegenteilige Verhalten *Umkehr* – Umkehr von triebhafter, ich-bezogener Trennungs- und Flucht-Tendenz, *Hin*kehr zu den anderen „im Boot“, *zu*einander, zur *Ein*heit.

Da kommt etwas ins Spiel – was ist es, das da ins Spiel kommt?

Das Grund-Wort, um das hier Herein-kommende, neu Entstehende zu fassen, ist *Leben.* Leben, statt Tod. Denn Tod ist Auflösung, Zerfall.

Die Hebräische Bibel hat für „Leben“ das Wort *„chaj(jim)“* (חיים). Nebenbedeutung der Einzahl *„chaj“* (חי) ist „Sippe“, „Schar“, „Gruppe“ (1Sam 18,18). Die ursprüngliche, kleinste, unteilbare Einheit miteinander existierender, aufeinander angewiesener, füreinander einstehender Menschen ist *„chaj“*, *Leben.* Leben meint ungeteilte, fest gehaltene oder wieder gewonnene Einheit und Gemeinsamkeit. Im Hebräischen besagt die Wurzel *chj* „zusammenfassen, vereinigen“.
Im Deutschen hat „Leben“ etymologisch mit „zusammen-haften, kleben“ zu tun (verwandt mit *bleiben, Leim*). Auch naturwissenschaftlich sind Vorstufen und Stufen zum Leben das Zusammen-gehen, Sich-vereinigen - Tod tritt auf allen Stufen auf als Auflösung und Zerfall (Entropie).
Im skizzierten Prozess von Aufeinander-zu-Gehen und Zusammen-halten in Not oder Unglück zeigt Leben sich elementar als Zusammenhalt der vielen, *ereignet* sich *Leben* als *Über*leben von Auflösung, Eins-werden im *Widerstand gegen* Zerfall, Tod, erscheint Leben schon jetzt als Sein *jenseits* von Tod.
Wenn physikalisch ein Sich-auflösen des Ganzen, Sich-zerstreuen der Bestand-Teile sozusagen das Natürliche und Wahrscheinliche ist – was kommt da herein, das Menschen bewegt, das sie - dem Tod zuwider - zu einander, zusammen drängt? Wie sollen wir es noch ausdrücklicher benennen?
Erinnern wir uns: ein Wort bietet ursprünglich nichts Abstraktes, keinen Begriff oder Ähnliches, sondern verweist auf Sich-Ereignendes, einen Vorgang. Darum weist jedes Wort, zumal seine Wurzel auf eine *Szene* und nimmt den, der nach der „Bedeutung“ fragt, mit in seine *Szene.* Die Szene ist ein Ganzes, das Wort eröffnet *einen* Aspekt des Ganzen als Ereignis.

Aus der Wortwurzel **' l** (אל) entsteht eine ganze Szene, die in Erfahrung von Gott, von Göttlichem ausmündet:

'al *nicht* – 'äl *zu-hin* – 'ajil *Widder* – 'ajål *Hirsch* – můl (aus: me-ůl) *gegenüber, gegen-hin* – 'el *vorne, mächtig* – und *auch* „Gott".

Von der Wurzel her und auf die Szene hin ist der *Sinn* dynamisch, nur annäherungsweise ausdrückbar im *Ansatz* von ausgebildeten Wörtern: *gegn*ig, *vor*ig, *nicht*ig, *kräft*ig, *dräng*ig, *wend*ig. *Etwas* Vor-*dringendes,* Vor-*drängendes,* For*derndes,* Gegen-*Stellendes.*
'El nicht als Name, sondern Erfahrung sagt etwas, das die, die sie trifft, mit Macht stellt, drängt[152] *gegen* Auflösung, *gegen* Zerfall, *hin zu* Zusammenhalt, Einheit, Leben, Gemeinschaft, Solidarität!
Die als 'El erfahrene Macht arbeitet sich am Tod ab und überwindet ihn *an und in* den Betroffenen, indem sie sie 'kriegt` und *er*mächtigt zu *Leben* und *Handeln gegen* Zerfall und Tod.
Gegen die Fluten des Chaos *sammelt* 'El die Betroffenen, *scheidet* ihr Boot von den Wassern, lässt es *an Land* kommen oder - ein anderes Bild - zum *Trockenen werden* (vgl. Gen 1,6-12).
Gott kommt in Situationen der Not elementar a*ls Kraft, als Dynamik* ins Spiel, die Betroffene hindrängt zum *Leben gegen* Tod, *gegen* Panik, Durcheinander, *gegen* Auseinanderlaufen, Flucht, Resignation - Reaktionen, in denen der Tod über Menschen siegt und das letzte Wort behält.

---

[152] So verstanden konnte das *Stier*-Bild in *Bet-El* auch als Sinnbild für Israels 'El- und Jahwe-Erfahrung dienen, bis es unter dem Druck politisch-religiöser Rivalität zwischen Nord-Reich/Süd-Reich und ungefestigter Volksfrömmigkeit in die Schiene der Baal-Symbolik zurück glitt und die Propheten Front gegen es machten.

Mitten im bösen Schicksal, wo Chaos-Macht ihre natürliche Allein-Herrschaft ausüben will und Menschen ihrer Verlassenheit und Hilflosigkeit zu überführen scheint, wird ’El / Gott erfahrbar als Lebens-Macht, *gutes Schicksal,* das Geängstigte zu *Leben* drängt, zu tätiger *Zu*wendung, wodurch mitten in Untergangs-Not Leben neu ersteht und sich behauptet.
Konkret wird dies in gegenseitigem Beistand, praktisch in wechselseitiger Hilfe zu ebenso gemeinsamer wie persönlicher Behauptung inmitten von Not. Mitten im bösen Schicksal bricht Gottes Kraft die böse Macht – dort, wo Betroffene sich seinem gebieterischen, gebothaften Drängen *in* der Situation öffnen, sich, statt auseinander zu laufen, einander zuwenden und annehmen.
Die zum Leben drängende, am Nullpunkt der Existenz Leben neu zeugende Kraft, die Menschen trägt, die sich ihr öffnen, heißt biblisch *ruach* oder *pneuma*. In dieser zusammen führenden, auf erschütterte Menschen einwirkenden Kraft wird Gott erkennbar als *Retter.*
Das Gebieterische dieser auch die Gewissen bewegenden Kraft bedeutet: wir geraten vor den „Herrn“, den Herrn des *Lebens.*
Wer ihm *in* der Situation gehorcht, wird nach biblischer Sprechweise *ipso facto* zum „Knecht“, zur „Magd“ Gottes, wird damit konkret zum „Segen“ für die anderen, die Verlorenen.
In eins damit wird ´in der Situation` der Mensch, indem er ’El gehorcht, *bekehrt* von ich-bezogenem, nur aufs private Wohl bedachtem Trott („jeder ist sich selbst der Nächste“) zu solidarischer, auf das Wohl aller ´im Boot` blickenden Seinsweise. Wo man sich anderen zuwendet und diese im Moment der Not sich einander zuwenden, entsteht *Zusammenhalt*, der *Leben* ist und Leben schenkt.
Wo Solidargemeinschaft entsteht, wird sie auch nach innen fühlbar.

Die Hebräer unterscheiden örtliche Mitte (*táwäk, toch*) von seelisch-geistiger Mitte (*qä'räb*) einer Familie oder Gruppe. Diese ist hier gemeint. Durch Zuwendung, Zusammenhalt, Zusammenstehen entsteht ein Innenraum von Gemeinschaft, Zusammengehörigkeit, der zuvor Wildfremde einander vertraut macht, sie einander vertrauen, sich aufeinander verlassen lässt: Erfahrung von „Wir" statt bloß „ihr" und „ich".
Das *Innen* der Solidargemeinschaft, das sich bildet, lässt sich nicht greifen, wohl aber erfahren: als Klima der Einheit, als Vertrautheit, als Heilklima, als Atmosphäre des Zueinander-Gehörens, am Leben Seins, fraglosen Aufgehoben-Seins.
Die Bibel nennt diese Innigkeit an Gemeinschaft „Lebens-Hauch" (*n^{e}schamah*, oft parallel zu *ruach*): z.B. Gen 2,7; Jes 42,5; Hi 34,14f., und erkennt darin Gott: „Gott-mit-uns" (*Immanu-El* – Jes 7,14). So heißt es auch (zum *Volk* gesprochen): „Jahwe ist drinnen (*qä'räb*) bei dir" (Zef 3,15ff). Die zuvor genannten Schritte von Umkehr, Hin-kehr, Sich-Einlassens, Zuwendung sind dann Aspekte *vertrauenden Glaubens* oder gläubigen Trauens, wobei Glaubens-*Theorie* und Glaubens-*Praxis* zur Einheit finden.
So wie im Alten Israel El-Erfahrung und JHWH-Zeugnis sich vereinigten, kann sich auch das Jesus-Zeugnis als affine Botschaft und Erfahrung mit den zwei Vorgängern zusammenfinden
Der Kern des biblischen Ethos lässt sich, mit *Emmanuel Lévinas*,[153] zugespitzt auch fassen als "Verpflichtung, den anderen Menschen angesichts des Todes nicht allein zu lassen" (Ü *K.F.*).
Das entspricht Jesu Ethos, wie er selbst handelt und es als Welt-Richter einfordert (Mt 25,31-46).
Nach dieser Erfahrung, lebendig in Gemeinde und

153 De Dieu qui vient de l`idée (Paris 3 1998), 263

Kirche, sehnen sich auch Christen in Untergangs-Not, weil ihr bisheriges Leben zerbrach, ihr Lebensentwurf zerfiel, Ungenügen und Schwäche sich in Schuld verstrickten. Sie warten auf den Zuruf "fürchtet euch nicht!", auf Zuspruch und Beruhigung durch den Stürme stillenden Jesus im Schiff der Kirche.
Die Skizze dieser Art Gotteserfahrung könnte sich in naher Zukunft als hilfreich erweisen.
Die säkulare Gesellschaft der Gegenwart und nahen Zukunft ist eine Diaspora für den kirchlich überlieferten Glauben. Die Zahl von Menschen ohne ausdrückliche Bindung an Gott wird voraussichtlich weiter stark zunehmen.
Doch wird man unter Leuten, die dem Katechismus-Glauben entfremdet sind, stets auch Menschen begegnen, die das Ausgesetztsein menschlicher Existenz empfinden und etwas wie einen geistigen Dom über ihrem Dasein vermissen. Sie dürften aufgeschlossen sein für eine elementar buchstabierbare Gotteserfahrung, wie auch für das Bemühen, die Gnade, die Huld, die sie zu spüren bekamen, auszubuchstabieren..

Zum Autor

Klaus P. Fischer, geb. 1941 in Stuttgart, Oratorianer in Heidelberg, studierte Klassische Philologie, Philosophie und Theologie, u.a. 3 Semester (1962 - 1963) in Innsbruck bei R. Muth, H. Windischer, E. Coreth, O. Muck, K. Rahner und J.A. Jungmann. Beraten u.a. von Karl Lehmann (dem heutigen Kardinal), promovierte er 1973 am Institut Catholique de Paris bei Henri Bouillard mit der Arbeit „Der Mensch als Geheimnis nach den Schriften Karl Rahners" (mit einem Brief Rahners an den Verfasser 1974 bei Herder als Buch erschienen – 2 Auflagen). Neben Zeitungs- und Zeitschriften-Beiträgen über Rahners Werk veröffentlichte er später die Studie „Gotteserfahrung – Mystagogie in der Theologie Karl Rahners und in der Theologie der Befreiung" (1986 bei Grünewald). Veröffentlichungen zu anderen Themen, zB „Die Sache mit dem Teufel" (zus. mit H. Schiedermair – 1980 bei Knecht) und „Schicksal – in Theologie und Philosophie" (2008 WBG Darmstadt). Kleinere Schriften zu Schöpfung, Auferstehung der Toten, Eucharistie, Kirchenkrise u.a. (bei Adlerstein, LIT, Passagen u. Paulinus). Langjährige Tätigkeit in Pastoral, Religionspädagogik, Erwachsenenbildung, Kirchl. Rundfunkarbeit; Lehrbeauftragter für Kath. Theologie an der Evangelisch-Theologischen Fakultät der Universität Heidelberg.

Klaus P. Fischer

Vom Zeugnis zum Ärgernis?

Anmerkungen und Thesen zum Pflichtzölibat

Der Pflichtzölibat in der Westkirche, unter skandalösen Umständen erzwungen und von einer einseitig-defizitären Theologie gestützt, stellt sich immer schärfer als Hindernis für die Berufung von Priestern und die Gewährleistung von Seelsorge heraus - mit der Folge, dass sich die "Schafe" in Scharen verlaufen. Das Buch plädiert für ein Umdenken beim Zölibat und zugleich bei katholischen Erblasten, die ihn in der Vergangenheit begründen sollten. Eine gesunde Theologie wird auch eine genügende Anzahl gesunder und fähiger Bewerber für den Priesterberuf nach sich ziehen.

Vom Zeugnis zum Ärgernis?

Anmerkungen und Thesen zum Pflichtzölibat

von Klaus P. Fischer

ISBN: 978-3-9814195-0-4, 220 Seiten, € 14,90

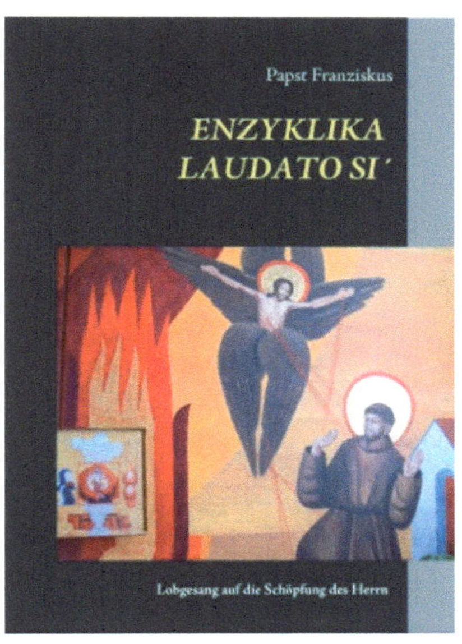

„Die Gewalt des von der Sünde verletzten menschlichen Herzens wird auch in den Krankheitssymptomen deutlich, die wir im Boden, im Wasser, in der Luft und in den Lebewesen bemerken. Darum befindet sich unter den am meisten verwahrlosten und misshandelten Armen diese unsere unterdrückte und verwüstete Erde, die „seufzt und in Geburtswehen liegt“ (*Röm* 8,22). Wir vergessen, dass wir selber Erde sind (vgl. *Gen* 2,7). Unser eigener Körper ist aus den Elementen des Planeten gebildet; seine Luft ist es, die uns den Atem gibt, und sein Wasser belebt und erquickt uns." PP Franziskus

ENZYKLIKA LAUDATO SI´

Lobgesang auf die Schöpfung des Herrn

von Papst Franziskus

ISBN: 978-3-945462-41-6, 160 Seiten, 16,99

Hermann Seifermann

Die Entdeckung Gottes in der Bibel

Der Autor, der sein Leben lang die Zeugnisse der Bibel erforschte, fragt danach, was für besondere, ja unvergleichliche Erfahrungen in Menschenleben, Welt und Geschichte die Menschen des biblischen Raumes machten, bis ihnen schließlich aufging, dass sie vor Gott geraten waren. Die bei diesen Forschungen gewonnenen Einsichten sind so elementar-grundsätzlich, dass sie „eine Grundorientierung für unser Reden von Gott heute“ (Hermann Seifermann) bieten.

Die Entdeckung Gottes in der Bibel

von Hermann Seifermann

ISBN: 978-3-844814-13-2, 120 Seiten, € 9,90

Hermann Seifermann

Wie heute von Gott reden?

Die Bibel als Glaubenshilfe

Haben wir vielleicht in unserem Reden von Gott, schlicht gesagt, die Zeichen der Zeit noch nicht erkannt? Reden wir etwa unbeirrt noch immer in der Sprache der vergangenen Epoche von Gott? Es scheint so! Dann aber heißt die Grundfrage: „Wie heute von Gott reden?“ Es ginge dann um eine grundlegende Neuorientierung unserer Gottesrede heute. Der einzuschlagende Weg hieße dann: zurück zu den Quellen, anthropologisch, theologisch, geschichtlich – mit einem Wort: biblisch! Diesen Weg wollen wir erkunden.

Wie heute von Gott reden?

Die Bibel als Glaubenshilfe

von Hermann Seifermann

ISBN: 978-3-732235-2-16, 120 Seiten, € 9,90